广州市新的社会阶层人士联谊会　著

勇立潮头

广州市新的社会阶层人士创新创业纪实

广州新华出版发行集团
广州出版社

图书在版编目(CIP)数据

勇立潮头：广州市新的社会阶层人士创新创业纪实 /广州市新的社会阶层人士联谊会著. —广州：广州出版社，2020.10

ISBN 978-7-5462-3124-2

Ⅰ.①勇…　Ⅱ.①广…　Ⅲ.①人物—访问记—广州—现代　Ⅳ.①K820.865.1

中国版本图书馆CIP数据核字（2020）第203890号

书　　名　勇立潮头——广州市新的社会阶层人士创新创业纪实
Yongli Chaotou Guangzhou Shi Xin de Shehui jieceng Renshi Chuangxin Chuangye Jishi
出版发行　广州出版社
（地址：广州市天润路87号广建大厦9、10楼　邮政编码：510635
网址：www.gzcbs.com.cn）
责任编辑　蚁燕娟　周　秦
责任校对　蒋美秀　黄焕姗
印　　刷　广州市快美印务有限公司
（地址：广州市白云区广从五路410号一楼103房　邮政编码：510440）
开　　本　787毫米×1092毫米　1/16
印　　张　17
字　　数　338千
版　　次　2020年10月第1版
印　　次　2020年10月第1次
书　　号　ISBN 978-7-5462-3124-2
定　　价　78.00元

发行专线：（020）38903520　38903521
如发现印装质量问题，影响阅读，请与承印厂联系调换

广州市新的社会阶层人士联谊会简介

广州市新的社会阶层人士联谊会（Guangzhou New Social Stratum Association），是由新的社会阶层人士自愿组成的，以民营企业和外资企业管理技术人员、中介组织和社会组织从业人员、自由职业人员和新媒体从业人员为主，具有统战性、民间性、专业性的非营利性社会团体，是党委政府联系和团结广大新的社会阶层人士的桥梁和纽带，于2016年9月成立，设4个专业委员会和11个区级新联会,并成立了律师、注册会计师、网络直播、自媒体、自雇自足、街舞、网络游戏、动漫等8个行业分会。

广州市新的社会阶层人士联谊会旨在团结和引导全市各界新的社会阶层人士，高举习近平新时代中国特色社会主义思想伟大旗帜，认真履行学习教育、培养人才、建言献策、服务社会、联谊交友的职能作用，策划推出“羊城新动力”系列品牌，致力开展羊城e家、直播新征程、自雇自足、羊城新工坊、羊城新智荟、华南资享慧、企业大学堂、羊城新扶助、羊城同禧等活动，为推动广州实现老城市新活力、“四个出新出彩”，努力建设国际化大都市贡献力量。

本书编委会

总 策 划 马卫平

总 统 筹 汤国平

主　　编 闵卫国

副 主 编 唐忆鲁　林俊敏

执行编辑 刘琼雄

联络协调 林丽勤

采　　写 李　桐　余晓璐　侯燕婷

周　莹　梁紫彤　王　彩

范　凌　千　钧　司徒智瑞

装帧设计 周小敏

序：勇立时代潮头，迎接新的起航

闵卫国

改革开放42年来，中国人民用勤劳和智慧创造一个又一个奇迹，取得了令世人瞩目的巨大成就。从经济规模来看，中国1978年国内生产总值仅有3679亿元人民币，而到了2019年，已经高达99.09万亿元人民币，占世界经济的比重由1978年的1.8%上升到了2019年的16%，成为世界第二大经济体。从人均国内生产总值来看，1978年的人均国内生产总值为381元人民币，而到了2017年，已达70892元人民币（超10000美元），跻身中等偏高收入国家行列。著名的诺贝尔经济学奖得主罗纳德·哈里·科斯（Ronald H. Coase）曾在《变革中国：市场经济的中国之路》一书中指出，1978年中国的改革开放是二战以后人类历史上最为成功的经济改革运动。

随着改革开放的不断深化，我国的经济结构由单一所有制向以公有制为主体、多种所有制经济共同发展的结构转变，分配方式的多样化和社会主义市场经济体制的建立，使我国社会结构和阶层结构发生了深刻变化。原有的工人阶级、农民阶级和知识分子阶层在市场经济体制改革和产业结构调整过程中，不断调整、分化、重构，以职业为基础的新的社会阶层划分机制逐渐取代过去以政治身份、户口身份和行政身份为依据的划分机制，产生出具有不同经济地位、社会地位和利益特点，具有不同价值趋向、归属感和认同感的“社会新阶层”。

新的社会阶层人士在改革开放和中国特色社会主义建设中做出了重大贡献。新的社会阶层人士运用自己所拥有的生产要素，直接参与或服务于生产过程，推动经济发展，促进经济增长，贡献了税收。新的社会阶层人士通过创立行业和开办企业，不但成功解决了自身的就业问题，为社会创造了财富，而且提供了大量的就业机会或就业岗位。同时，新的社会阶层人士积极参加“希望工程”“光彩事业”等公益活动，以各种方式回报社会，践行了社会责任使命。

新的社会阶层人士发展到现阶段，主要包括四大群体：民营企业和外资企业的管理人员和技术人员(指受聘于民企和外企，掌握企业核心技术和经营管理的专门知识者)、专业服务和社会组织从业人员(包括律师、会计师、评估师、税务师、专利代理人等提供知识性产品服务的社会专业人士，以及社会团体、基金会、民办非企业单位从业者)、自由职业人员(指不供职于任何经济组织、事业单位或政府部门，在国家法律、法规、政策允许的范围内，凭借自己的知识、技能与专长，为社会提供某种服务并获取报酬者)、新媒体从业人员(指以新媒体为平台或对象，从事或代表特定机构从事投融资、技术研发、内容生产发布以及经营管理活动者)。据统计，全国这些新的社会阶层人士总人数约为7500万人，涉及我国经济和社会生活的各个领域、各个行业。

中央历来高度重视新的社会阶层人士统战工作。2006年，第20次全国统战工作会议召开，将新的社会阶层人士统战工作作为新的着力点。党的十八大以来，以习近平同志为核心的党中央着眼新的社会阶层人士的发展变化，更加重视做好新的社会阶层人士统战工作。2015年，习近平总书记在中央统战工作会议上对新的社会阶层人士统战工作进行了深刻阐述，并提出了明确要求。《中国共产党统一战线工作条例（试行）》把新的社会阶层人士单独作为一个方面的统战对象作出明确规定。2017年，党中央专门召开全国新的社会阶层人士统战工作会议，对做好新时代新的社会阶层人士统战工作作出全面部署，强调做好新的社会阶层人士统战工作，关键是牢牢坚持“充分尊重、广泛联系、加强团结、热情帮助、积极引导”的方针，科学把握工作原则，明确目标要求，不断提升工作水平。具有里程碑意义。

“大潮起珠江”，改革开放的春风吹遍南粤大地，带来了翻天覆地的变化。敢为天下先，地处祖国南大门的广州，作为古代海上丝绸之路发祥地、唯一没有关闭过的通商口岸，在改革开放大潮中焕发出勃勃生机。广州得改革开放风气之先，抢抓发展机遇，推动经济快速发展，经济建设和社会发展成绩显著。广州地区生产总值由1978年的43.09亿元提高到2017年的21503.15亿元，提高了125倍，人均地区生产总值由1985年的2302元提高到2017年的15.07万元，排在世界各经济体第36位。广州已成为工业基础较雄厚、第三产业发达、国民经济综合协调发展的国家中心城市和世界一线城市。

广州之所以能取得如此突出的经济成就，离不开国家政策的支持，同时也离不开建设广州的各个群体、各个阶层的不懈努力。这其中，广州市新的社会阶层人士发挥了不可或缺的作用，谱写了一个个充满传奇的故事。随着广州市新的社会阶层人士在各个方面发挥的作用越来越大，一个新的社会阶层人士自己的组织应运而生。为了把全市广大新的社会阶层人士团结起来、引领起来，进一步凝心聚力、服务发展，于2016年9月，广州市新的社会阶层人士联谊会（以下简称“广州市新联会”）正式成立，标志着广州300万新的社会阶层人士有了一个属于自己的家。

作为全国首个省会城市的新的社会阶层人士联谊会，广州市新联会的成功创建得到了中共广州市委特别是中共广州市委统战部的关心指导，得到了广大新的社会阶层人士的参与和支持。本人有幸参与广州市新联会成立的全过程，并被推选为第一任会长。从2016年9月以来，我和广州市新联会的班子成员一道，以饱满的事业激情，团结广大新的社会阶层人士，书写了广州300万新的社会阶层人士气势磅礴的奋斗篇章。在园区、在楼宇、在展会、在舞台，通过一场场精彩演讲、一届届高峰论坛、一篇篇策论文章、一次次交流展会，直播黑科技、网上秀广货，广州市新联会展现着一个充满朝气、综合素质好、肯担当、善作为的城市新动力和时代新形象。我们经历参与了广州市新联会的全部发展过程。这一过程中，广大新的阶层人士充分发挥智慧和专业优势，无私奉献，使得我们广州市新联会在组织机构、平台基地、品牌活动、建言献策、社会化探索等方面走在前列，取得了引以为豪的突出成就。

我们致力于实现组织在主要群体和广州各区全覆盖。广州市新联会积极探索，在传统组织机构建设的基础上，开拓创新，形成“1+4+11+N”组织架构。广州市新联会设立4个专业委员会（民营和外资企业管理技术人员委员会、中介组织和社会组织从业人员委员会、自由职业人员委员会、新媒体从业人员委员会）和11个区级新联会。4年来，广州市新联会的组织结构日益完善，先后成立了律师、注册会计师、网络直播、自媒体、自雇自足、街舞、网络游戏、动漫等8个行业分会，其中网络直播、网络游戏、动漫、自雇自足、街舞等分会为全国首创；网络直播行业分会开展“网红直播带货光彩行”活动，带货销售额近百万元；创新就业模式的“自雇自足”项目于2019年被中央统战部评选为全国实践创新基地建设第二批重点项目。据统计，市、区级新联会的理事队伍已经从刚成立时的300多人，增加到现在的6000多人。

我们着力创新品牌活动，打造平台基地。广州市新联会先行示范，实施“品牌培育工程”，以“羊城新动力”品牌引领各领域工作。在新媒体从业人员领域，打造“羊城e家”活动品牌，邀请互联网行业大咖作精彩经验分享，获评2017年度全国统战工作实践创新成果奖；在自由职业人员领域，打造“羊城新工坊”活动品牌，建设“自雇自足”重点项目，获得2018年度全国统战工作实践创新成果奖和2018年度广州城市治理榜改革创新奖；在中介组织和社会组织从业人员领域，通过“羊城新扶助”活动品牌，成立“同心志愿服务团”，开展法律援助、专业咨询等各类社会公益活动；在民营和外资企业管理技术人员领域，打造“羊城新智荟”“华南资享慧”“企业大学堂”等活动品牌，开展专访对话，举办公众演说、企业思享会。同时实施“基地示范工程”，在全市布局建设18个市级示范基地和45个区级示范基地，为新的社会阶层人士创新创业打造孵化基地，为新的社会阶层人士交流沟通、举办活动提供平台和场地。

我们努力履行社会责任，积极探索社会化。广州市新联会积极建言献策，勇于承担社会责任，广州市新联会现有400多名人士分别担任全国、省、市、区各级人大代表、政协委员，他们利用智力和专业优势，深入开展调查研究，积极建言献策，为经济社会发展贡献力量。例如，广州市新联会常务副会长蒋洪峰是全国政协委员，坚持以服务国家建设为主题，以诚信建设为主线，先后提出了《关于应对美国税改可能冲击我国经济的提案》《优化高新技术企业认定标准助力创新驱动发展战略——关于进一步完善国家高新技术企业认定管理的提案》等多项提案，为我国在中美贸易摩擦这一特殊时期优化高新技术企业认定标准和税务应对提出切实可行的建议。广州市新联会在担当社会责任方面团结一心，小我献出大爱，涓涓细流汇成磅礴力量，仅在新冠肺炎疫情期间，累计捐资捐物约4亿元，为打造共建共治共享的社会治理格局贡献智慧和力量。广州市新联会积极转变思维，通过多种渠道进行社会化探索，对常设秘书处建设、新联会活动费用、品牌建设费用均采用新联会社会化的方式解决。广州市新联会与有关行业协会相互支持、相得益彰，完全采取社会化方式，成功召开两届粤港澳大湾区不良资产高峰论坛，成立金融稳定专家委员会，在共同推进经济高质量发展方面取得了良好效果。

春去，夏至，秋来。放眼四望，“喜看稻菽千重浪”。在广州市新联会的带领下，各基层分会成绩斐然，中流砥柱，充满干劲，各行业分会蓬勃发展。这些辉煌成就不仅属于广州市新联会，更属于辛勤付出的广大新的社会阶层人士。随着新联会组织发展壮大，一位位杰出代表不断涌现出来：广州市新联会副会长林俊敏通过其作品《十三行》将小说和广州历史文化联结、融合，具有浓厚的广东地域风情和广府特点，展现岭南文化波澜壮阔的历史画卷，是广州走出世界的一张名片；网络游戏行业分会会长唐忆鲁不仅倡议广州应通过发挥自身优势，明确游戏产业的战略定位和目标，大力发展广州的游戏产业，而且创新成立广东网络游戏行业社会责任委员会，为广州游戏行业的健康发展献计出力。

本书特意选取30位具有代表性的新的社会阶层人士，用他们的故事向大家展现改革开放以来广州市新的社会阶层人士勇立时代潮头、抢抓发展机遇、成就非凡事业、助力广州发展的精彩画卷。广州市新联会作为一个平台，致力于更好地促进信息深度交流和全面共享，为新老会员创造更多价值、汇聚更多经验，为各行业注入全新的血液，为广州经济社会发展做贡献，为社会化创新助力。希望本书的出版，能更广泛地扩大广州市新联会的知名度和品牌影响力，凝聚更多不同行业的新的社会阶层人士，在涛涌变幻的大潮中确定人生、事业的新方向。

凡是过往，皆为序章；直面未来，任重道远。广州市新的社会阶层人士统战工作将在中共广州市委的坚强领导下，在中共广州市委统战部的具体指导下，乘着新时代的春风，迎来全新起航，展现更加璀璨靓丽的色彩。广州市新联会将继续坚持改革创新、真抓实干的作风，推动全国新的社会阶层人士统战工作实践创新基地建设全面上新水平，为推动广州实现老城市新活力、“四个出新出彩”，努力建设国际化大都市，展现新作为、贡献新力量。

（作者系广州市新的社会阶层人士联谊会会长）

目录 CONTENTS

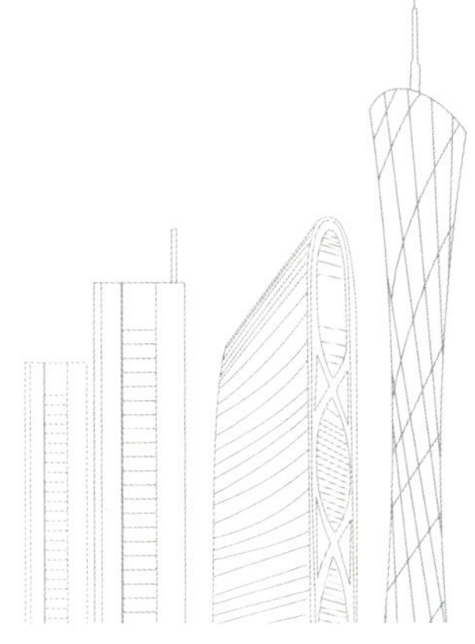

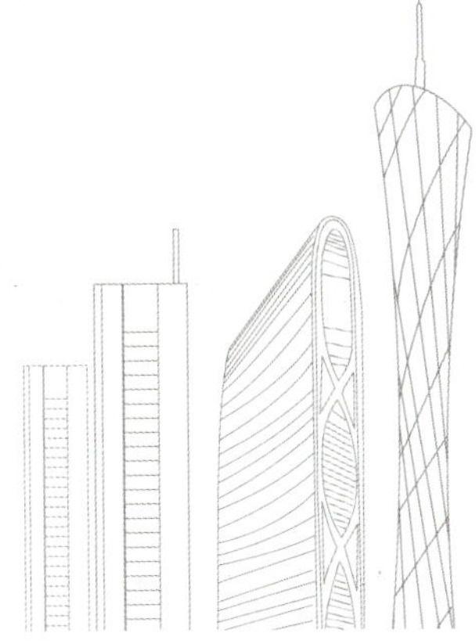

牢牢围绕党和政府的中心工作，把每个会员的能动性发挥起来我们就能做很多事情。只要你愿意做事，新联会就有你发挥的机会和舞台。

周卫刚

闵卫国

以格局引领行业，永做时代潮头领跑人

闵卫国，广州市新的社会阶层人士联谊会会长，广东省新的社会阶层人士联合会副会长，广东南国德赛律师事务所首席合伙人，广州德赛资产管理集团股份有限公司及广州德赛基金管理有限公司创始人，广州市第十五届人大常委会委员，广州市不良资产管理协会会长，广州市总商会副会长。

1994年，闵卫国合伙在珠海创办了广东德赛律师事务所，并于2001年在广州成立广东南国德赛律师事务所。如今，德赛已经在广州、北京、上海、深圳、珠海、长沙、武汉等9个城市设立了15家专业服务机构。2016年被评为广东省第四届“优秀中国特色社会主义事业建设者”，2019年被推选为第五届全国“优秀中国特色社会主义事业建设者”候选人。

从武汉大学法学系毕业之后，闵卫国毅然选择来到广东，投入珠海经济特区的建设中。尽管当时在外人看来这是无法理解的“偏远之选”，但对于闵卫国来说，这却是开启自己人生无限可能的起点。年轻的干劲加上求知求变的灵活思维，闵卫国很快打开了自己的发展局面。

从国办的律师事务所主任到德赛律师事务所合伙人，闵卫国一路将德赛的分所开到了国内外的多个城市。国际化的视野，综合性的能力，以及强烈的进取心，闵卫国充分发挥自身专业优势，以法律服务为核心，创新性地结合金融、科技等领域，探索出一条适合德赛的专业服务多元化发展路径，同时也为广州的高端专业服务业发展带来诸多亮点。

南下广东逐梦法律事业，勇敢“下海”创造辉煌业绩

20世纪80年代初，为推进改革开放和社会主义现代化建设，中央在深圳、珠海、汕头、厦门四个城市设立了经济特区，以优惠的经济政策吸引外商投资，引入先进技术。闵卫国看好经济特区的发展环境以及国家建设对人才的需求，在1987年从武汉大学法学系毕业之后，他并没有像其他同学一样选择留在北京、上海、武汉等大都市，而是怀揣着梦想，向学校报名只身一人南下来到了珠海。

珠海经济特区火热的城市建设氛围以及当地对人才的重视，令闵卫国更加确信自己的选择。1988年，我国举行第一次律师资格考试，闵卫国就顺利通过了全部的考试科目，成为中国第一批通过全国资格考试的执业律师。由于各方面表现优异，年仅24岁的闵卫国就被任命为国办的律师事务所主任。

随着我国对外开放的范围进一步扩大，再以公职人员身份从事律师工作已经无法满足市场经济的需求，因此当时司法部和司法厅号召、鼓励律师行业按照国际惯例发展成立合伙制律师事务所，闵卫国果断响应号召，1994年，他放弃了安稳的公职饭碗，与几位志同道合的合伙人一起创立了广东德赛律师事务所。

“德赛”来自英文“Democracy and Science”，是事务所追求民主、崇尚科学、探索真理、献身法治的精神和信念的体现。广东德赛律师事务所作为中国律师行业进行改革的第一批合伙制律师事务所，凭借着专业的法律服务和过硬的品牌保证，短短几年的时间就借助活跃的市场之风直上青云，不仅专业队伍迅速得到了扩充，更在1998年被评为“全国优秀律师事务所”。在随后几年里，闵卫国坚持走规模化、专业化、国际化的道路，广东德赛律师事务所迅速扩张到全国各地，在广州、北京、上海、长沙、武汉等地设立了分所，成为全国知名律师事务所。

海外勤学扩充国际视野，学科多元强化专业才能

广东德赛律师事务所强劲的发展势头并没有让闵卫国骄傲自满，他仍然对律师行业心怀热情和敬畏。怀揣着学习国外先进发展经验和拓展国际化发展视野的想

法，闵卫国于1998年专程到加拿大，一边学习当地法律知识和律师事务管理经验，一边申请开办德赛律师事务所多伦多分所，探索事业的发展路径。

通过在McCarthy和Torys两家加拿大最大的律师事务所的交流和学习，闵卫国对律师行业的眼界和认知都得到了飞跃的提升，认真踏实的学习积累和实践经历令闵卫国在2000年被加拿大律师公会授予了“特许执业外国律师”的资格。带着满满的经验和收获，回国之后的闵卫国就想选一个大都市来进一步发展自己的律师事业。最终，他将目光锁定了广州。

闵卫国回忆自己年轻的时候笑着说：“加拿大学习工作的经历对我影响很大，开阔了我的视野。那个时候回国真是豪情万丈，问人家广州哪一栋楼最高，我们的事务所就办在哪里。我们‘德赛’这个名字取自五四精神和信念，当即就在中信广场54楼把律师事务所开办了起来。”尽管来广州的时候一个客户都没有，但是凭借闵卫国个人丰富的海内外工作背景和经历、合伙人团队强烈的事业心，以及省、市各级司法行政部门的大力支持，于2001年广东南国德赛律师事务所在广州成立，并且实现了飞速的发展，成为广州地区700多家律师事务所中若干指标名列前茅的律师事务所。

随着广东南国德赛律师事务所的事业不断发展壮大，闵卫国感到自己肩上的责任越来越重大，同时学习的步伐也从没有停止。为了律师事务所的进一步发展和开拓新业务的需要，他不断学习中外法律、管理理论及实践知识，相继取得了新西兰梅西大学工商管理硕士学位、英国林肯大学国际法硕士学位、武汉大学法学博士学位，在哈佛大学参加领导力培训，进一步丰富了自己在管理、金融、财务等领域的相关知识，以求更加全面深入地将德赛的专业服务水准与国际情况对接，为客户设计、解决更为复杂的法律、交易难题。

凭借着专业的法律、投融资、金融、外语的优势，德赛律师事务所逐渐在我国大型基础建设和国家级项目的建设过程中发挥巨大的作用。闵卫国自豪地说：“我们深度参与了武广高铁、广深港线路等大型交通枢纽基础设施千亿级建造项目的全过程，虽然每天都要面对几十本书高度的中英文文件资料，但是看到项目建成之后，那种成就感真是难以言表。”从设计、施工、监理，再到设备采购等过程，德赛法律人面对的每一次谈判和每一次合同，都少不了与国际上的一些知名企业、组织打交道。在一次次专业化、国际化案例的磨砺中，德赛的基建法律服务已经成为行业内的典范。除此之外，德赛在金融、房地产、商务、证券资本等领域也有着自身的独特优势。闵卫国本人也曾参与众多帮助中国的企业建立合资公司，引进国外投资；优化市场主体融资交易；设计证券产品等综合性、国际性、全过程的多样化业务；帮助四大金融资产公司管理、处置不良资产。经过十几年的稳健发展，截至2019年12月，德赛资产及德赛律师事务管理或投资的不良资产项目本息累计超过人民币1388亿元规模。

闵卫国认为，德赛律师事务所的发展虽然离不开自己年轻时无惧无畏的干劲，但最根本的原因是法律行业从过去20年中国经济高速发展的过程中获得的机会和市场。因为只有身处在大环境的浪潮下，抓住机会的个人才能翻腾起醒目的浪花。

团结专业人士多元创新，厚积薄发终成行业翘楚

在将基础的法律业务做大做强的同时，闵卫国着力推进广州高端专业服务业提升能级。为谋求更高定位的专业服务发展格局，推动专业服务机构快速发展，闵卫国带领德赛律师事务所在借鉴投融资行业惯例，参照科技企业做法，将律师服务的价值和专业资源，作价和资本结合的基础上，探索出双轮驱动的业务模式：以在投资和管理两大车轮的驱动下，驱动金融不良资产项目投资与管理、问题房产项目的投资与盘活、困境企业纾困重组、破产企业重整投资四大产品和业务的飞跃发展。其目的就在于将律师行业等专业服务的门类及领域变得更为多元化，同时也实现专业管理的品牌化和平台化。

经过多年来在法律服务与金融服务两大业务板块上的深耕与积累，闵卫国愈发觉得不良资产管理行业极具发展优势和资本化的创新空间。这不仅是因为广州具备发展不良资产管理行业的特殊条件和优势，也因为这个领域对经济发展影响重大，在整个过程中法律的地位十分突出但又不仅限于法律，具备综合性、复杂性和国际

性，既符合现实发展的需要，也符合闵卫国多元化发展尝试的构想。

闵卫国认为当下客户的需求已经不再局限于单纯的合同和文件咨询，而会涉及很多资产、负债、股权等方面的问题和需求。第三方拥有的资源以及分析问题的角度是企业客户本身很难突破的，因此在接手客户项目的时候，通过有效的资产管理，就可以更好地帮助客户处理和盘活手上的资金和资源，从而消除资产瑕疵，摆脱发展困境，化解金融风险。面对这样一个帮助企业纾困解难、稳定经济局面的绿色行业，闵卫国更是将其定位在了广州专业服务行业未来发展方向的高度。

看准了方向，接下来就是行动了。2014年和2016年，德赛相继成立了德赛资产管理集团股份有限公司以及德赛基金管理有限公司。2018年，闵卫国还牵头携手不良资产行业的法律、会计、评估、投资、基金、证券、建筑设计、工程造价等专业机构及人士发起成立广州市不良资产管理协会，意在提升行业的自律水平，加强从业者的互动交流，促进行业上下游的资源整合、互助发展，将各个领域、各个专业、各个学科的专业人士汇集到这个平台上，平台汇集了金融、法律、管理等专业人才，共同为广州高端专业服务业的发展进行探索性尝试。

随着我国改革开放进入深水区、中美贸易摩擦以及新冠肺炎疫情等国内外局势日益复杂，国内经济处于下行阶段，德赛始终紧紧围绕党委政府的中心工作，努力提高实体经济和金融发展的平衡性、协调性，为防范化解重大风险建言献策，积极为受困企业纾困，促进复工复产。同时通过“粤港澳大湾区不良资产管理与困境企业重组高峰论坛”“2019不良资产管理和企业纾困重组论坛”等活动，进一步稳定社会预期、提振行业和企业家的信心。以具体合作加强粤港澳三地协同性发展，促进资源要素自由有序流动，助力营造国际化现代化营商环境，创造稳定有序金融生态，为粤港澳大湾区高质量发展提供有力支持。

经过多年的发展，闵卫国很开心地见证了德赛多元化发展路径的正确性，不良资产业务发挥的正向影响力也与德赛的法律服务相辅相成、相得益彰。如今，德赛在粤港澳大湾区进行了26个合伙事业部和泛珠九省份分支机构的强势布局，闵卫国期待德赛能够在未来打造出全国性的综合平台，为高端专业服务业的升级发展做出更大贡献，也为迎接新一轮的大发展夯实基础。

心系社会建言国计民生，勇立潮头担当时代使命

闵卫国总是能够先人一步思考下一步的发展方向及可能，在审时度势的基础上充分发挥自己专业性的优势。无论取得了多大的成就，他都会步履不停地持续迈向下一个目标，吹响下一个征程的号角。

无论是只身一人南下珠海，果断“下海”创办德赛律师事务所，积极出国求教学习，勇拓广州新市场，还是奠定德赛在不良资产管理行业的翘楚地位，闵卫国认准了目标便会全力以赴，想别人之不敢想，做别人之不敢做。

身为广州市人大常委会委员，把事情想在前面这一特点也体现在闵卫国对民生、社会事务以及对新的社会阶层人士的关怀中。2020年初，新冠肺炎疫情发生之后，为回馈一线医护人员抗击疫情做出的突出贡献，致敬最美逆行者，闵卫国不仅个人出资捐助了人民币100万元助力抗疫事业，还提出了《关于将广州市体育场馆、会展设施进行综合改造，以提高未来应对重大疫情和自然灾害能力的建议》以及《关于高度重视防控新冠疫情等突发公共事件中我市基层治理体系建设的建议》两个议案，希望能够尽早将广州闲置的大量会展中心、体育场馆利用起来，以做好充分应对，并且加强社区基层组织的工作保障。

近年来，围绕自身发展的主要领域以及工作实践，闵卫国在广州高端专业服务业升级发展、专业服务机构开拓海外市场、强化民事执行和清算破产案件法律监督、清退“僵尸企业”、防范和化解金融风险、智库机构建设等方面也积极地建言献策，以前瞻性的眼光和专业性的视角为行业发展谋福利。

闵卫国还充分发挥人大代表在立法工作中的作用，先后参与《广州市慈善促进条例》《广州市物业管理条例》《广州市公共图书馆条例》《广州市巡游出租汽车客运管理条例》《广州市生活垃圾分类管理条例》等法规的起草和专家讨论工作，其专业水平获得广州市人大常委会和相关政府部门的一致认可。

从2011年至今，闵卫国参与的《广州市城乡规划条例》《广州市巡游出租汽

车客运管理条例》《广州市社会工作服务条例》《广州市生活垃圾分类管理条例》《广州市生态公益林条例》《广州市廉洁城市建设条例》《广州市预防职务犯罪条例》等法规经市人民代表大会审议通过，为广州的经济社会发展和法治建设贡献了建设性力量。

此外，闵卫国还积极参与开展捐资助学、设立希望小学、慰问灾区等公益事业。自1996年起先后设立武汉大学德赛助学金、华南理工大学德赛法学助学金、华南师范大学德赛法学助学金。2008年在广西贵港市设立德赛希望小学，2019年3月与贵州省毕节市赫章县财神镇马鞍村签订结对帮扶协议。闵卫国多次带领德赛公益律师开展“一村一法律顾问”宣传咨询、社区法律讲座、未成年人法治教育等活动，为群众普法、答疑解惑。

闵卫国就是这样，始终以高标准的专业追求、昂扬的斗志以及饱满的激情要求自己，步履不停地做着领跑者。未来，他仍将在路上带领更多的人一起为社会创造更大的价值。

广州的创新创业环境对你产生了怎样的影响？

广州是千年商都，也是全国实践创新基地以及国际化的大都市，城市发展活力毋庸置疑。德赛来广州也是赶上了好时候，不仅得到了司法部门的大力支持，我们还有幸参与了武广高铁、广深港线路、珠三角城轨、南沙大桥、西江引水工程等千亿级工程或基建项目，参与了诸多中国企业转型合资公司，引进外资的关键过程。改革开放以及广州高速的经济发展环境为我们的 法律事业创造了巨大的机遇和市场，而且广州依托粤港澳大湾区的战略优势地位，对于发展不良资产管理行业也具备特殊条件和优势，这也是为什么我们后来能在广州将不良资产管理行业发展到走在全国前列的重要原因之一。

你如何看待新的社会阶层人士发挥的作用？

广州新的社会阶层人士数量位居全国大城市前列，未来的规模数量毫无疑问也会越来越庞大。2016年我们新联会刚成立的时候，我就粗略估计了广州有300万新的社会阶层人士，现在早就不止这个数字了。改革开放以来，广州市新的社会阶层人士在广州的民营和外资企业的经验管理、研发创新、专业服务、信息科技等领域发挥了骨干作用。

新的社会阶层人士来自各行各业，这部分人聚集起来能够创造出更多的机会，迸发出更大的火花，而且也没有那么多僵化的模式。我们把自己的本职工作做好，其实就已经是在发挥作用了。现在有了新联会这个平台，我们把这个平台利用好，彼此之间加强横向的联系，在业务上、生活上取长补短，相互借鉴，大胆进行尝试和创新，就能够发挥更大的作用。接下来，我们将牢牢围绕党和政府的中心工作，把每个会员的能动性发挥起来就能做很多事情。只要你愿意做事，新联会有你发挥的机会和舞台。

新联会目前的工作进展如何？未来想达到怎样的状态？

从2016年成立到现在来看，广州市新联会的工作是走在前面的，我们起步早、开局顺、前景好，这跟广州这个城市的产业以及经济规模有密切的关系，也与广州市委统战部的重视与支持分不开。当时中央统战部提出来新的社会阶层这个群体的时候，是想引导他们建言献策，投入到国家的经济建设以及社会治理中去，我觉得这是非常必要也非常有意义的事情。

经过这几年的发展，我们的工作取得了很大成效。我们在2020年1月启动了“羊城同禧”的品牌活动，希望通过每月举办一期的理事（会员）生日会，不定期举办书画学习班、茶文化品赏会、趣味运动会等活动来促进内部成员之间的联谊交流，舒缓工作压力，提高身心健康指数，打造具有广州特色的新联会文化活动品牌。

下一个阶段，广州市新联会肯定要更加活跃，在扶贫、纾困、社会公益等方面做很多丰富多彩的事情，同时将省市联动打造示范基地，完善全省性的联谊组织，并进一步支持广州开展先行先试，争取形成可借鉴可复制的创新实践成果。

另外，2020年我们也提出了一个方案，就是要把不同行业的会员打散、重组。之前我们都是根据专业来划分人群的组别，但其实同行之间已经有了很多平台和很多的机会可以交流，我们更希望把不同行业的人组织起来，这样再融合到一起的时候，每一个团队各行各业的人士都有，大家交流、共享的信息会更多，也能为会员创造更多价值。

（文/李桐）

游戏是承载和传播中华优秀传统文化的理想载体。

唐忆鲁

弄潮互联网新经济，用文化实力让城市“出新出彩”

唐忆鲁，广州市新的社会阶层人士联谊会副会长，广州市新的社会阶层人士联谊会网络游戏行业分会会长，广州多益网络股份有限公司CEO，广州市政协委员，广州市工商联常委。

唐忆鲁是把游戏爱好与事业、现实与梦想完美结合的典范。作为一名“学霸”型玩家，她不仅把自己玩成了“游戏高手”，还越玩越“大”，玩成了游戏公司的CEO——2006年加入多益网络的创始团队，十几年间与公司共同成长，从一个不到30人的创业团队起步，问鼎“中国游戏十强”，并七次登上“中国互联网企业百强榜”。

在女性从业者占比不到10%的游戏领域，唐忆鲁的履历可谓亮眼到有点不真实。但当你接触到她本人，就会感受到她的“厉害”：聪慧、机敏、优雅，面对海量的信息能迅速抓住要害；极强的梳理归纳能力，办一件事就能总结出一套有用的逻辑；大处着眼，细微处见真章，一旦抓住重要机遇毫不犹豫地投入，反复打磨出品，但展示的方式永远是能照顾各方感受，娓娓道来，让人如沐春风……

在一次酣畅的采访过后，一名资深记者有感而发：“台上一分钟，台下十年功。唐总是一位把工夫花在后头（准备工作）的人。”

人们只看到了互联网行业的表面风光、创富神话，但是能够在“996”工作常态中熬出来的毕竟是凤毛麟角。“网络游戏行业很苦，基本每天都是两点一线的生活。只有真的热爱，才会待下去。”扎根行业十六载，唐忆鲁说，热爱是“制胜法宝”。她本人就是很好的例证，极高的工作强度，但仍然甘之如饴。

唐忆鲁因出色的企业管理工作及行业贡献，获得《互联网周刊》年度人物、2018全球卓越成就奖、“年度科技创新CEO”等多个行业权威大奖，并连续两年成为“中国游戏产业十大影响力人物”。

也因为热爱，唐忆鲁在忙碌的企业运营工作之外，还利用广州市政协委员的身份，积极建言献策，为行业发声，推动行业持续健康发展。她认为，这是作为新经济领域企业管理者在新的时代背景下应有的使命。

从“麻辣火锅”到粤式“早茶”

在2020年的广州市“两会”上，唐忆鲁以政协委员的身份提交了一份提案，建议广州应大力发展网络娱乐，作为打造数字经济创新引领型城市的重要抓手与核心引擎。这份提案得到很多媒体关注报道。唐忆鲁说，希望广州能够挖掘自身优势，建设成为粤港澳大湾区网络娱乐产品的创意中心、研发运营中心及周边产业中心,转型升级成为数字经济创新引领型城市。

唐忆鲁是地道的川妹子，十八岁到广州求学，粤式早茶如麻辣火锅一样让她着迷，毕业后索性留在这里工作、创业，花儿一般的年华全部留给了这座花团锦簇的城市。近年唐忆鲁她有了更多社会身份，开始为广州的互联网游戏行业发展壮大奔走呼吁，不得不说她与游戏行业，与花城广州这座城市结缘颇深。

大学时期，唐忆鲁就读于中山大学有“商界黄埔军校”之称的管理学院。该学院一直致力于与技术创新、管理变革融合的知识创造，30余年来向社会输出了许多管理精英。四年学术栽培与实践磨炼，对唐忆鲁后来的企业管理思路影响至深。

进入康乐园（即中山大学），正值国内计算机普及高潮，而互联网已连接每一间中大学生宿舍。计算机知识通过课程、BBS（电子公告板、论坛）、图书影音下载管理系统等，成为校园文化的重要部分。如此领先的校园设施和多元自由的文化氛围，让包括唐忆鲁在内的这波新千年学子，不仅通过上网“冲浪”感悟大千世界，还敏锐地觉察到网络将改变未来世界。

“大一就开始泡BBS。因为有特殊贡献，学校到现在都还保留着我的账号！”唐忆鲁笑道。

大学三年级，唐忆鲁进入互联网公司实习，毕业后也毫不犹豫地放弃当时的择业大热——外资企业，继续留在还在苦苦摸索营利模式的互联网行业，准备大展拳脚。

同期的广州，正在领全国之先，开始互联网领域的创新创业。其中网络游戏的细分领域，当时还是国外游戏的天下，广州凭借从事自主研发的勇气和实力，打造出国产自研游戏精品，在中国众多城市中脱颖而出。

也许是早早从前辈的经历中领悟到奋斗的意义和价值，20岁的唐忆鲁身上就有一份同龄人少有的专注和果敢，帮助她迅速融入职场。在两年半时间内，她将原公司所有岗位都尝试了一遍，吃透互联网企业的内部流程，锻炼了一身高效、务实的职场战斗力。因为热爱游戏，唐忆鲁参与了众多游戏领域的项目，包括作为主力筹备2005年首届中国游戏产业年会。盛大、网易、腾讯、金山、搜狐等互联网行业的领军人物均有出席。后来，中国游戏产业年会发展成为我国数字娱乐产业最高规格、最具影响力的峰会。2006年，在知名游戏策划徐波的邀请之下，唐忆鲁和另外几名同事一起跟随创业，广州网络游戏行业也迎来了多益网络这支生力军。

“我们想办一家自己喜欢的游戏公司。”唐忆鲁说。她一直伴随多益网络走到今天。创业团队回忆，多益网络在广州天河的金山大厦夹层起步，当时整个团队不到30人，办公空间只有100平方米左右。不过，互联网产业很快显示出它的爆发力。凭借第一款游戏《梦想世界》，公司成立两年便实现营收破亿元。此后，多益网络的精品研发不断提速，公司成立的第4年，即2010年，便打造出里程碑式IP“神武”。

自身的努力，加上网民激增的风口，公司迎来高速发展，短短几年间人员规模快速壮大，需要不断扩展空间。“记忆中好像每年都在装修、搬家、再装修，把大家都变成了装修专家。”唐忆鲁笑着说。

时至2020年，多益网络员工总数已超过2000人，其中80%为研发人员。广州总部位于黄埔区伴河路，拥有自己的独立园区；新建总部大楼预计今年底封顶，总建筑面积近7万平方米，是“科学大道一开创大道总部经济走廊”上的地标性建筑之一。

走自研自运的道路，做真正好玩的游戏

在“宅经济”带动下，多益网络2020年上半年营收大增50%。全新产品《枪火重生》在国际顶级游戏平台Steam上收获96%的欧美玩家的好评，并登上畅销榜前十强。这家“游戏奋斗者”以创办14年仍然保持高速发展的姿态，验证了作为中国游戏十强的实力。

回顾走过的发展历程，唐忆鲁始终认为公司坚持“自主研发、自主运营”，把核心竞争力掌握在自己手里，是取得成功的必要条件。“多益网络在整个游戏界是一家非常独特的企业，因为我们选择了一条不容易、但是走好了就会有很强持续性的路。”她说到。在国内网游行业普遍采取代理或联运模式的环境下，多益从一开始就作出独立研发及运营的决定，并坚持走到了今天。管理学出身的唐忆鲁明白，“要将资源、研发和运营整条线管理协调起来，就像一个运动员保持身体协调性一样，既是一种天赋，也是谋生之路”。

尽管现在看起来，多益网络的发展势如破竹，创造过不少“奇迹”，但唐忆鲁

认为，每一步都走得如履薄冰。创业的十余年间，游戏行业经历了商业模式大变革、各类资本涌入淘金、智能手机及移动互联网大发展、国际软硬件技术大飞跃、消费者对产品品质要求的快速提升等多元大环境变化，以及行业大洗牌。

“每天都处在生死边缘，每个发展阶段都有很多的不容易。外部有竞争，内部也会有不同的意见。”唐忆鲁说，面对这么多杂音，这么复杂多变的市场环境，每天都会面临做不做、怎么做的问题，“但紧紧围绕着自主研发与自主运营这两大核心，在正确的目标下做正确的事情，就能排除掉很多杂音，更坚定地走好自己的路”。

她对做企业始终带着一种危机感和敬畏心，坚定不移地推动企业不断创新、提升，始终做好产品，来保持强大的内生动力和市场领先地位。

把能力锻炼好，是唐忆鲁理解的企业生存发展的根本。因此，她果断拒绝了无数次各种形态的资本对企业发出的邀约，并用现代企业的管理方法，将“小作坊”改革成大企业，带领团队在考验中一步步刷新企业的研发能力、创新能力和管理能力。

因为同时兼有出色的研发能力和运营能力，公司能迅速感知市场变化并及时作出应对。比如2014年，在移动互联网兴起的过程中，多益成功研发和运营《神武》手游，成为中国乃至全球第一家成功将真正的多人同时在线网络游戏模式搬上手机平台的企业。此外，自研自运为多益网络带来了高额的净利润。

“一个企业有了利润就有了自主权、有了利润心就不慌，可以做很多有趣的尝试和探索，有底气包容错误。”唐忆鲁说。

事实上，游戏行业竞争白热化，没有任何企业敢保证自己的产品一定成功。但基于良好的发展生态，多益网络敢于放手，让新人挑大梁、担责任，有能力做出收益的，公司就给他们机会尝试。

同时唐忆鲁非常重视企业培训，鼓励营造公司的学习氛围。她主导打造了一站式人才交付平台——多益学院。通过多种培训课程，协助应届毕业生快速掌握企业运作流程和平台工具，大大提高效率。公司因此有不少毕业五六年即成长为项目负责人或部门负责人的例子。一个项目的核心策划人员说：“多益整体是扁平化的。

我们在工作中抱着开放的心态，扎扎实实去做，发展不会差到哪里去。”

让网络游戏为社会创造更多可能

多益网络等游戏企业的发展历程，是这个行业的缩影。和很多新生事物一样，中国游戏产业也是在争议声中发展壮大起来的。近年，随着数字化、智能化的大规模渗透、普及，网络游戏的正向价值越来越被肯定——它是新技术的综合应用场景与试验田，有着强大的产业聚合功能。与此同时，游戏也被新的时代赋予了新的使命，作为优秀文化的重要传播载体，在“助力讲好中国故事”方面，发挥着举足轻重的作用。

作为行业的参与者和见证者，唐忆鲁坚定地看好游戏的正向价值，也希望通过她和多益网络的努力，推动行业正向发展。“游戏行业自身有很强的与时俱进的创新能力，以及天然的自我造血的再生能力。”唐忆鲁认为，随着行业研发水平的不断提升，网络游戏行业正在变得越来越开放，为玩家、也为社会创造着更多可能性。

在唐忆鲁的指导下，多益网络积极发挥游戏作为互联网时代重要文化载体的作用。2019年，公司全面启动“文创原力”计划，携手旗下知名游戏IP，与各大文化机构展开跨界合作，推出多个大型文化创新项目。

一系列创新探索，取得了良好的社会效应。2019年，多益网络联合全国重点文物保护单位浙江金华兰溪诸葛八卦村，打造出浙江省首个“游戏 + 景区”的新文创模式，开创浙江省内互联网与古村文明融合实践的先河；2020年，多益网络携手广东省博物馆，开启粤港澳大湾区首个“博物馆 + 游戏”的新文创模式，用数字化手段，创新演绎海上丝绸之路元素，为传统文化符号注入新活力。

同时，公司在不断拓宽游戏产业边界。2020年8月，多益网络与中国移动咪咕音乐正式达成战略联盟伙伴关系，预期在5G新技术时代，通过游戏与音乐联合的方式，打造更多优质文化产品，进一步弘扬中华文化。

此外，多益网络还积极连接科技前沿，目前已加入粤港澳大湾区5G产业联盟，率先成为广州首批5G智慧园区之一，深入挖掘游戏产业的未来价值。“多益网络始终积极响应着这个时代。”唐忆鲁说。

助力千年商都再度“出新出彩”

唐忆鲁还关注整个游戏行业的未来与发展。担任广州市政协委员和广州市新联会网络游戏行业分会会长以来，她多次为网络游戏行业的持续健康发展提建议、搭平台、促整合，凝聚各方力量，推动行业新发展。

“从互联网到移动互联网，网游行业经历了多次大洗牌的过程。而广州游戏企业凭借踏实、肯干、勤劳、务实的一贯风格，始终站在行业前沿。”唐忆鲁分析道，“但整体而言，网络娱乐产业发展的支撑环境还有所不足，政策、资金、场地、人才等方面的综合服务以及创新宣传平台欠缺。此外，广州在金融资本、创新机制及人才储备等文创体系方面缺乏有效支撑。”

上海、北京等城市，当前已明确确立游戏及其上下游产业的战略地位，喊出“国际游戏之都”的目标和野心。而作为粤港澳大湾区核心城市的广州，也继续以扎实做研发推动起游戏产业规模名列前茅，包括网易、多益网络、三七互娱在内的企业，打造出了众多高价值知名IP。但广州游戏行业的战略地位、凝聚力，对比多个城市仍有差距。

在2019年“上半年怎么办，下半年怎么看”经济座谈会上，唐忆鲁分享了一份对广州网游行业，乃至更宽广的大文娱产业领域近万字的调研报告，对如何持续推动行业健康发展提出多项建设性建议；2020年的广州市“两会”期间，她再次建议，广州市可大力发展包括网游行业在内的网络娱乐产业，作为振兴经济的重要抓手与核心引擎，促进广州转型升级成为数字经济创新引领型城市。

广州市新联会网络游戏行业分会成立之后，唐忆鲁便以会长身份呼吁，进一步完善行业的人才评定体系。她认为，互联网产业是知识密集型和技术密集型产业，对资金、人才和政策环境极为敏感；一个有利于人才成长、发挥作用的标准和机制，能更有效地提升广州游戏产业的人才吸附作用、产业集聚效应以及产业能级。

从自身所处行业出发，延展到对整个广州营商环境和宏观经济的关心、关注，唐忆鲁认为是新经济领域企业家在新的时代背景下应有的使命。她认为，游戏作为数字文化产业的创新引擎，能助力广州这座老城市迸发新活力，再度“出新出彩”，跻身全国文创产业的第一方阵。

多益网络所在的黄埔区、广州开发区，是广州先进制造业的聚集区，且一直走在营商环境改革前沿，是广东首个营商环境改革创新实验区。2020年12月，中国游戏产业年会将从海南海口移师至这里，并将连续举办三年。这个国内数字娱乐产业最高规格、最具影响力的峰会，在全国各大城市轮流举办15年后，回到了广州。

当年刚毕业不久、作为核心成员参与首届中国游戏产业年会承办的她，此时已是这个行业的重要力量、建设中坚。唐忆鲁对游戏峰会的“回归”格外高兴，她更愿意把它看成是一份使命与责任，“很期待看到广州抓住这个机会，推动游戏产业获得新一轮的腾飞”。

广州的游戏行业在全国来说处于怎样的地位？

广州的游戏产业，本身已位居全国前列，但大部分是游戏企业自己在打拼，是一种“自下而上”的发展模式。

产业好了，城市也会好。比如，出了《王者荣耀》这款游戏的成都，意识到游戏产业的好处，目前政府层面的推动和扶持力度就很大。

过去人们可能存在一些对游戏的刻板印象，认为其危害青少年成长。在野蛮生长的阶段，游戏确实可能存在不少的副作用，但现在经过政府的严格监管，我相信这个行业是能够健康、可持续地发展的。当不良的一面被约束了，无论是从对人才的吸纳、对零售行业的带动，还是从对科技和艺术的推动作用来看，这都是朝阳产业。希望能通过新联会或是政协会议的平台，推动游戏产业更好发展。

加入新联会并担任游戏分会的会长，您希望做哪些事情？

新联会游戏分会领导班子成员全是各大公司创始人或董事长，说明这个协会里的人都是做实事的。我希望通过这个舞台，为游戏行业努力追求梦想的人解决问题，争取合理合法的社会地位，或是让大家更科学、更客观地来看待这个行业。

新联会非常好，能够把大家凝聚起来，齐心协力，为行业解决一些核心问题，同时能够给大家一个良好的平台，去展示游戏行业的正向价值。但我觉得还不够，新联会应该有更正式的界别，能发展成更正式、更有分量的社会组织，这样游戏行业才能够有发言权，才有身份，名正言顺地做更多推动行业发展的事情。

（文/余晓璐、茉莉）

广州对我来讲，是一个福地。

阿喜

林俊敏

立于广州迎接时代浪潮，浸淫网络文学开疆拓土

林俊敏，笔名“阿菩”，广州市新的社会阶层人士联谊会副会长，广东省政协委员，中国作家协会会员，中国作家协会全国委员会委员，广东省作家协会副主席，广东网络文学创作委员会主任，广东省网络作家协会副主席。

自2005年涉足网络文学，阿菩已创作逾1200万字，独立创作结集出版共计17册。2013年，他凭借长篇小说《山海经密码》拿下了第九届广东省鲁迅文学艺术奖，该书甫一出版，即登上当当畅销书榜榜首，销量超百万册，繁体版在中国台湾地区引发热销，韩文版与越南文版的翻译工作已在进行，影视版权已售出并立项。2018年，阿菩笔耕不辍，《十三行》一书将多个奖项收入囊中，并获得中国作家协会网络文学重点作品扶持、中共广州市委宣传部推荐。据悉，知名导演杨文军将操刀《十三行》的影视版改编及拍摄。2019年，阿菩斩获第二届中华文学基金会茅盾文学新人奖·网络文学新人奖。

林俊敏自幼衷情历史，后在暨南大学读了九年书，“史学硕士，师从汤开建；文艺学博士，师从蒋述卓”，并于2005年打开网络文学的新天地，远溯上古，近至明清，一览中华历史文化宝典，书写极富想象力与文学价值的鸿篇巨制。

广州是事业的沃土，唯有立足这个城市，林俊敏才拥有源源不断的写作动力。如今，他住在白鹅潭，眺望着盛极一时的十三行，想象着珠江千万年的流动方向，追忆着广州波澜壮阔的变幻历史，或将创作更多惊世典籍。

在国际化都市放开心态与视野，于网络中文学中实现专业自由

林俊敏于2000年来到广州，与这座城市相识已是二十载。考上暨南大学历史系，他进入这个充满自由精神的高等学府，也由此开始领略广州这个国际化都市的魅力。

在暨南大学，他跟来自港澳台地区和其他国家的学生成为同窗，一起学习、聊天、吃饭，平等而开放地交流。林俊敏认为，广州从历史上看就是一座国际化的都市，在这里，视野是世界性的。来自世界各地的人在这里一同生活，打破距离的隔阂，姿态对等，广州人既不会对外国人一概而论的“妖魔化”，也不会有对外国人盲目的跟风崇拜，这种心态在早些年的一些城市是存在的。“作为千年商都，从清朝开始，广州就开放地接纳不同的人。人与人一旦没有距离，也就减少了很多误解，这个城市给人带来一种很健康的心理塑造。”

除了在校园学习丰富的历史知识与结交不同文化背景的朋友以外，林俊敏也对校园周边的生活充满感情。彼时，学校附近有各种各样的“打口碟”，也有各种各样的旧书店，有经常表演小戏剧的酒吧，还有学者聚集的交流活动。广州吸引了不同人相聚于此，而暨南大学周边也形成一个文化繁盛的地带。

2004年，林俊敏本科毕业，经老师介绍，懵懵懂懂地进入广州日报报业集团旗下一份商业周刊当产经记者。这份期刊是报社试点改革的一次尝试，在当时可谓前卫。也因此，团队人事动荡较大，林俊敏亦从记者到编辑再到主编，承担报社诸多重担，也获得极大成长。不过，2005年，周刊试点失败，林俊敏只能离开，而后婉拒了《南方周末》的邀约，离开传媒行业，选择到暨南大学史籍研究所公费读研究生。

“当年我是想做学术的，当时的想法很简单，就是找一个大学，做一辈子老师，比如在暨南大学待一辈子，就可以了。”没想到，2005年，本想研究网络文学的林俊敏，写起了小说，“我把做学术的事情给忘了，写小说却坚持了下来”，这开启了他此后精彩纷呈的人生。

于是，林俊敏一边抱着玩的心态写网络小说，一边享受读研究生的校园生活。

两年研究生学习生涯里，他写成了《边戎》，成为当时影响很大的历史小说，奠定了林俊敏在网文圈的地位。2006年，他拿到中文在线旗下17k小说网的合同，“我的人生就完全变了”。第一份合同就给他一个月3000—5000元的稿费，“这跟上班拿到的薪水完全不一样，你写自己喜欢的东西，还能赚到钱，突然就觉得整个人生都不一样了”。

那个时候，社会上还没有流行“财务自由”的观念，但林俊敏觉得他实现了比“财务自由”更高层次的自由，每天只需要花两三个小时写作，就能赚到跟朝九晚五的上班族差不多的工资，只要有一双手、一台电脑，去哪都能赚钱，“我实现了‘专业自由’”。这种状态也让他可以不用为了就业或其他功利性目的读书，更加快乐地享受研究生时光，不需要去忧虑未来。

从2000年到2010年，林俊敏在广州待了十年，其间写作五年，每年都有作品产出。“我的人生发生巨变。但我认为，通常只有在一个激荡的时代，在激荡的一线城市，人才可能实现这种变化。”

重回广州觅得事业“第二春”，《十三行》展现岭南历史风云

林俊敏本是广东省揭阳市人，2010年他选择离开广州，回到家乡。“尽管很喜欢广州，但待了十年之后，我有种倦怠感，而连续写作六年，我也遇到了瓶颈，对写作有些怀疑，就想换一个环境。”2010年到2015年，林俊敏回到揭阳结婚生子，同时成为一名高校教师。

回家乡五年，林俊敏称自己已经是“半退休状态”，是“过气网文写手”。“一开始两年多，我还写了一点东西，后面两年多就荒废掉了，我为了安逸而回去，没想到过分的安逸，整个人都发霉了。”一位前辈告诉他，人是无法处在一个静止的点上，要往上走，往上走的过程中可能会累一点，但是这个过程中会得到很多正面的反馈，人生应该是这样的。

在重重质疑之下，林俊敏辞去安稳的工作，来到广州。出乎意料的是，他的事业果然开始不停上升，“我翻红了！”2015年到2018年，林俊敏再入暨南大学攻读

博士学位，其间创作的以广州金融重镇十三行历史为背景的小说《十三行》，为他带来了优异的成绩和巨大的声誉。

“这本网络小说拿到了一本网络小说可以拿到的所有荣誉和奖项，并且经济效益也不错，我的事业就一步一个台阶又上去了。”2019年，林俊敏凭借此书获得国家级的文学大奖，也就是茅盾文学新人奖·网络文学新人奖。

《十三行》以十三行首富伍秉鉴生平为创作蓝本，对清代金融的历史面貌进行还原，书写广州十三行百年荣辱兴衰的史诗，展现了岭南文化波澜壮阔的历史画卷。小说中对日常生活的细节描写精细微妙，如花市十二钗、“南狮”、光孝寺、“吃过夜粥”的再现和对民俗、童谣、典故的运用恰到好处。小说所选取的故事和大背景，既具有广东地域风情和广府特点，也不失某种世界性价值。

原来擅长以史料和幻想写作的二次元网络文学“行尊”阿菩，这次选择了立足现实的创意写作方法。“以前我的小说是跟生活脱离的，现在我想尝试将小说和生活联结、融合，探索一条新路。”

为了写作《十三行》，林俊敏搬到荔湾区芳村的恒荔湾畔小区居住，小区对着著名的白鹅潭十三行码头。时常，林俊敏要翻阅广州18世纪的历史典籍，或者外出考察，将现实的地理变化与历史事件进行比对，想象几百年前广州十三行风起云涌的故事。“今天的白鹅潭并不是我小说里的白鹅潭，当年的白鹅潭，是三江汇流之地，水面壮阔，跟今天南沙近海的地方差不多。”为了感受珠江水流，他还会跑去南沙观察地理环境。

更有意思的是，林俊敏住的小区，原本是十三行对面的一个宁静的寺庙，小区的庭院甚至还保留着寺庙的一口井，这口古井还是宋代广州八景之一。“非常有趣，我每天早上醒来，睁眼就能看到白鹅潭，下楼买早餐就能经过广州八景之一。站在那里，就能想象河对面熙熙攘攘的古代十三行码头，而河这边又是一番烟雾缭绕、暮鼓晨钟的景象，那种感觉很特别。”

林俊敏发现，以前他喜欢挑不熟悉的历史来写，满足求知欲、拓展知识面，但随着岁月的慢慢沉淀，他开始想写熟悉的东西，而首要就是广州了。《十三行》之后，他还计划继续写广州的历史文化小说，比如关于广州的刺绣、骑楼等故事。

在广州获颁第一个文学奖项，这里是他离不开的“地头”

如今，林俊敏在广州也有了自己的办公室，他半个月住在广州，半个月回揭阳，过上了两栖生活。曾经，林俊敏也想过去其他大城市闯荡，比如杭州。

“2018年的时候我去过杭州，因为当地网络文学发展得很好，给出的优惠条件也很诱人。”原来，杭州有个作者村，会给每个大作者一栋别墅居住，“去了之后感觉‘这不是我的地方’，广州才是我的地头”。林俊敏用了成语形容，就是“物离乡贵、人离乡贱”。

他发现，在信息畅通的一线城市中，广州是住起来最舒服的，无论是气候、饮食还是精神层面。林俊敏曾去北京住了三个月，感觉气候无法忍受，一回到广州简直如临天堂；上海处处都很好，但他感觉自己格格不入；深圳那块热土则让他一脚踏上就心烦气躁，相对而言还是广州生活压力小一些……“反正现在坐飞机去哪里都是两三个小时，需要就跑去看看，没必要离开广州这个城市。”

林俊敏感到一直都离不开广州这座城市，而广州也确实用实力留下了他。

2013年，林俊敏凭借小说《山海经密码》在广州获得第九届广东省鲁迅文学艺术奖，这也是他获得的第一个文学奖项。“当年国家对网络文学还没有那么重视的时候，广东已经走在前面，率先给网络文学颁奖，广东省鲁迅文学艺术奖五年才颁发一次，含金量最高的长篇小说奖就颁给了我，弥足珍贵，我也非常感激。”

得风气之先的广州，网络文学的发展也很繁荣。据林俊敏介绍，网络文学圈“万订封神”，小说平均订阅量过万即是成名作家，而广州就有两位女作家的小说平均订阅量超四万，还有一位1995年出生的男生平均订阅量超五万，“广州的网络文学很厉害，而且一代更比一代强，有名气的大作者数以十计，弄出一点名堂的数以百计，还有很多藏在不知道哪个小巷子里写东西的人……”近期，广州还在筹备成立“广州网络作家协会”。

2018年，在广州风生水起的林俊敏，获邀参加了中央统战部举办的第十三期新的社会阶层人士培训班，随后加入了广东省以及广州市的新联会。“政府说要给我加加担子，我本来想着读完博士又回老家去，没想到摊子越搞越大！”

潮头问答

你对新的社会阶层人士这个群体有怎样的观察与思考？

“新的社会阶层人士”是对我们这批人的承认，是我们这个阶层应该有的政治地位。“新的社会阶层人士”很好地描述了我们的工作状态、我们的生活状态、我们的财富状态、我们的事业状态。

我一开始不知道什么是“新阶层”，但是加入组织之后，我发现我就是“新阶层”。当2005年我脱离工作岗位、进入写作状态的时候，我靠十根手指头和一台笔记本实现了比财务自由更高级的“专业自由”，这是前所未有的。直到现在，我的父母都无法理解我的生存状态，“50后”“60后”甚至“70后”都很难理解。但我并不是个例，全国各地都有这样的人，而我只是在网络文学中一个很小的领域。这是在我们国家、在这个时代，才产生的全新的一批人，换成其他国家或者20世纪80年代、90年代，都不可能出现这种现象。我们这群人是全新的试验，全新的生活状态，跟企业家、工商个体户、政府官员和学界教师等，都完全不一样。

如果我当初不是一不小心进入网络文学界，我可能就去考公务员，抄抄写写，可能现在还没当上副科长；或者我就成为一个报社的副主编，整天柴米油盐，就这样过一生……

你如何看待新的社会阶层人士所发挥的作用？

新的社会阶层人士确实是“勇立潮头”，因为这帮人带领了新的风潮。

新的社会阶层人士首先就是在拓展领域，做一些前人没有做到的事情，在各自的领域不停地开疆拓土。比如我们网络文学，就是在文学里面开辟全新的领域。另外，我们不但要开拓新领域，还要带领着这个领域向前走，做到前人没想过也做不到的事情。

如今，网络文学在我们手里，从无到有、从弱到强，稿费从1000元到上亿元……如果不是刚好站在潮头，我们也看不到这样的风景。

你认为新联会起到了什么作用？

新联会集聚了最新行业的领头人，就是处在潮头的这批人，浪涌过来的时候，我们是站在最前面的。在这里，我开阔了视野，也拓展了社交圈。作为新的社会阶层人士，我们有很多互通的心得，新联会为我们创造了这种沟通机会。能够跟大律师、大会计师、大企业家坐在一起交流，我觉得非常棒。

党和政府搭建这个平台，汇聚了各路神仙，每个神仙都有大神通，大家一起各显神通，意义非凡。

（文/侯燕婷）

从统战对象转变成统战力量，我感到肩上的担子更重了。

毕亚林

赤子之心倾律界，含德深厚守正道

毕亚林，广州市新的社会阶层人士联谊会副会长，广州市新的社会阶层人士联谊会律师行业分会会长，广东天一星际律师事务所主任，广东省律协宣传交流与表彰工作委员会主任，广州市律师协会副会长，广东省第十二届政协委员。

自2007年起，连续三年被评为广州市律师协会“优秀委员会主任”，连续五年被评为广东省律师协会“优秀委员会主任”。2011—2018年，还先后获得“全省优秀律师”“全国优秀律师”等多项荣誉称号。

奉法者强则国强

毕亚林的微信头像多年没换过，那是他把一面五星红旗带至南极后在破冰船上穿着救生衣拍的照片。“勇闯三极的律师”成了他的独特标识。

在一年跨度的时间里完成了走遍珠峰、南极、北极，的确足够传奇。他却说：“没那么传奇，痛苦回忆倒是有很多。”往事重提，毕亚林淡淡一笑：“遗憾的是珠峰未能登顶，南极未能抵达极点，北极没能到中国北极黄河站……”

既不是“体育健将”，也不是“职业探险家”的律师毕亚林以自己“征服三极”的壮行，实力证明了骨子里的韧劲和坚定。“自胜者强，自知者明”，毕亚林之所以至今都能够保持对法律事务精益求精的态度，不求功名的为律师行业奔走，或许正是他本人顽强不息、追求卓越的个性决定的。

作为一名生活中的强者、执业二十多年的法律人，毕亚林既能够深入浅出地解读法律的实用价值，还能够以敏锐的政治性和深情的人民性为法治国家的建设贡献力量。

“《民法典》是一部固根本、稳预期、利长远的基础性法律。第三百五十九条规定，住宅建设用地使用权期限届满的，自动续期。续期费用的缴纳或者减免，依照法律、行政法规的规定办理。明确告诉你，等到你房产确实到了70年，土地使用权自动续期，至于说将来要不要交费再说。不过高层楼房即便要续费，一经分摊显然不会太多，甚至足以忽略不计……”毕亚林口若悬河，辅以特有的幽默和坚定。他喜欢把问题引向深入，又善于用通俗易懂的语言带听者走出来。这是他参加广东卫视2020年7月3日《财经郎眼》“民法典来了”专题节目中与郎咸平、王牧笛的对话片段。这期节目正在讨论的民法典相关热点问题还包括“离婚冷静期”“房屋居住权”“业主共有产权”“高空抛物”“打印遗嘱”“网络暴力”“性骚扰”“人肉搜索”等。

毕亚林对《民法典》许多话题信手拈来。说到居住权，他会追溯到罗马法中的《十二铜表法》和1804年的《法国民法典》，会联系到党的十九大报告提出“坚持房子是用来住的、不是用来炒的定位，加快建立多主体供给、多渠道保障、租购并举的住房制度，让全体人民住有所居”，会把民法典居住权条款置于中央对当前经济新常态下错综复杂的城镇住房矛盾所产生根源认识的角度进行解读。

没错，他是律师，也是政协委员。既有律师从业者的专业视角，知其然；又有知识分子政治协商者的敏锐洞察力，知其所以然。他毕业于中国政法大学，政协委员和律师的角色恰恰体现着“政”“法”两维，因为始终认为法治不能脱离政治而凭空存在，他致力贯通于政、法之间。在法律人应有的特质基础上，他身上多了一份政治敏锐性。

这种政治敏锐性，常常体现在人民性。富有人民情怀，是毕亚林的一个显著特点。在转发《财经郎眼》“民法典来了”这期节目的网络链接时，他在微信朋友圈写了两句话。一句是“讲好《民法典》这部10万字的社会生活百科全书，也是法律人的义务”，另一句是在自己补充的跟帖，“脚下沾有多少泥土，心中就会沉淀多少真情，用群众听得懂的话语，让民法典走进群众心里！”

这种人民情怀，又深深根植于数千年来知识分子“为天地立心，为生民立命”的文化自觉。解读党的十九大报告“在幼有所育、学有所教、劳有所得、病有所医、老有所养、住有所居、弱有所扶上不断取得新进展”时，他会从人民美好生活根基和民生建设基石的角度来讲，还会联系《诗经·大雅·民劳》和《礼记·礼运》来诠释“小康”“大同”。

律师是“奉法者”，在毕亚林身上，总能感知到一个国家的脉动。

士不可以不弘毅

作为省政协委员，毕亚林深知，这些权利，换个角度看，实际上是政协委员要肩负起的使命。窥一斑而知全豹，从提案可以看出他的格局、视线、脚力。

2018年，毕亚林《关于建立全生命周期线上服务平台的提案》认为，虽然过去政府各部门在服务人民群众的生老病死方面做了大量工作，但与中央、省委的要求以及人民群众对美好生活的向往之间仍存在一定差距。对策建议：建议由广东省卫健委牵头，引入科技新势力，如腾讯，建立一个覆盖生老病死全生命周期的线上服务平台，让人民群众成为自己的“健康第一责任人”，使其成为引领“广东省在营造共建共治共享社会治理格局上走在全国前列”的重要抓手之一。

两年前他就关注公共卫生领域。如今，随着新冠肺炎疫情防控常态化，健全国家公共卫生应急管理体系，已经是中央全面深化改革的既定任务。

毕亚林《关于建议成立粤港澳大湾区律师联合会的提案》提出后，在第二年，世界律师大会在广州成功召开，期间成立了“一带一路”律师联盟。

2019年，《关于充分发挥民间资本作用，以产业发展带动农村人居环境整治的提案》针对广东省区域发展不均衡，珠三角和粤东西北地区经济发展水平差距巨大，农村“空心化”现象严重的现实情况，毕亚林建议充分发挥广东特有的“三旧改造”政策，主动对接民间资本，推进城镇化进程，倒逼农村人居环境整治；大力发展以民宿为依托的乡村旅游，带动农民从被动到自发进行农村人居环境整治；在广东省内试点施行宅基地有偿退出制度。这是基于“三权分置”农村土地经营改革驱动下的探索。

时不我待，舍我其谁，立足于律师行业，却着眼于国家发展全局的推进。作为政协委员，毕亚林和他的团队一直致力于为律师行业培养涉外人才奔走呼吁。《关于积极应对国际挑战，抓紧培养涉外高端法律服务人才的提案》认为，推进全球治理任重道远，面对“粤港澳大湾区”建设和实施“一带一路”倡议等过程中遇到的问题，如中兴、华为事件等中美贸易摩擦领域的争端，事关国家主权、安全、发展利益，明显就能发现我国律师队伍和人才结构还满足不了如今国际形势和市场的需要。建议将律师列入现有的《广东省培养高层次人才特殊支持计划》或《广东省高层次立法工作人才培养计划》，最好另外出台专门关于培养律师人才的计划，特别是要着重培养涉外高端律师人才。

毕亚林曾经在香港有过一段从业经历，香港问题常常牵动着他的心。《为破解香港困局献一策：关于推动深圳法律服务市场对港澳开放和律师资格互认的建议》，基于《中共中央国务院关于支持深圳建设中国特色社会主义先行示范区的意见》，他建议让深圳有条件突破现有一些现行法律制度上的瓶颈约束，可以开放一部分法律服务市场（如国际贸易争端、跨境投资、国际金融、国际商事争议等）给港澳律师到深圳执业，既能补足深圳涉外法律人才的不足，又能回应市场的需求。这样一来，在这部分法律服务市场内，深港澳三地的律师资格就能实现互认，固强补弱，共同为粤港澳大湾区建设发挥作用。

《论语·泰伯》曰：“士不可以不弘毅，任重而道远。”毕亚林关注的问题，不局限于法律服务一城一地，其视线总是切换于“谋全局”和“谋一域”之间。于是，他关注的问题，常常在一段时间后，能成为中央重大决策的聚焦所在。广东省政协给他颁发了“优秀提案奖”，还请他担任相关活动的新闻发言人。

德不孤，必有邻

2020年6月30日，经过层层选拔，毕亚林再次当选广州市律师协会副会长。他在竞选演讲中说：“中国共产党来自人民，没有自己的特殊利益，高举人民至上的旗帜，是共产党人的根本立场。作为理事会成员，我们有没有把1.6万名会员放在心里？你只有把大家深深放在心里，大家才会把你高高捧在头上。”

为了这个行业，他和他的团队付出太多汗水，还有泪水。自2007年起，先后或同时担任广东省律师协会宣传工作委员会委员、副主任、主任，广东省律师协会理事、常务理事，广州市律师协会青年工作委员会主任、副会长等职务。连续三年被评为广州市律师协会“优秀委员会主任”；连续五年被评为广东省律师协会“优秀委员会主任”。2011年，被评为“全省优秀律师”；2016年，被评为“全国优秀律师”；2018年1月，获新华社、司法部授予的“最美律师”荣誉称号。

2014年，党的十八届四中全会召开前夕，他策划了广东省律师协会主办的“律师参与基层社会治理微观对话”和“律师参与国家治理高端对话”活动，其精神主旨与一个月后的全会精神高度契合。他常常在各种场合旗帜鲜明地表达对党的领导的坚决拥护，并且善于用党的理论观点诠释问题和开展工作，生动体现了新时代法律工作者善于用科学理论武装自己的能力。

毕亚林积极响应广东省司法厅和广东省律师协会关于律师参与一村（社区）一法律顾问服务号召，与广州市白云区太和镇园夏村签订法律服务协议，成为广州市首批与村（社区）签订法律服务协议的律师。他积极参与村（社区）法律事务处理，通过法制宣传、法律咨询、纠纷调处、村规民约修订等形式，为广大群众提供法律服务。同时他还积极参与全省律师进村居宣传工作，组织、策划了多场律师进村居的大型宣传活动，彰显了律师服务弱势群体、承担社会责任的正面形象。他在法援值班中接访并提供法律意见解决的佛山顺德某企业因改制历史遗留问题而导致数十名职工上访十年一案被评为优秀案例，为维护社会公平正义做出贡献，工作获得当事人及广东省委领导的赞扬与充分肯定。

因为工作能力和综合素质强，专业水平高且执业经验丰富，毕亚林在多个领域均被委以职责，被外界公认是“跨界”型人才，被广州市委组织部、广州市国资委选拔为广州市水务投资集团、广州建筑集团、广州交通投资集团的外部董事；被广州仲裁委员会聘为仲裁员；被广东省律师协会评为广东律师专家库公司法律事务专家；被广东省民政厅聘为社会组织等级评估专家；被广东省人民检察院聘为广东检察机关首批规范司法行为监督员，等等。

毕亚林在执业过程中牢记“扶危济困”的使命，先后多次远赴西藏，四川甘孜、汶川等贫困地区捐资助学、开展普法讲座。2009年，在汶川地震一周年之际，毕亚林在交流中了解到汶川的孩子们在震后生活、学习上还存在比较大的困难，便立即着手组织召开了一场筹款拍卖会，春节刚过即携带善款和采购的学习用品，远赴汶川映秀镇慰问灾区的孩子们。当得知西藏的初中生索朗多吉、大学生拿地上学遇到困难的消息后，毕亚林毫不犹豫伸出援助之手，每年寄去生活费、学费，并将一直支持他们到学业完成。他还曾多次随广东省委统战部、广东省知联会到韶关、潮州等地参加精准扶贫以及助学助教活动。

常年活跃在律师行业宣传阵线上的毕亚林，一直保持着高强度、快节奏的工作状态。曾经有一个月，他手中正在紧锣密鼓地筹备“粤港澳法律服务合作论坛”，同时又接到了组织开展“全国律师创新论坛”的任务，两个大型论坛连续举办，工作量已经很大了，而当时又恰逢一年一度的“法律人共同体研讨会”举办和央视等媒体到广东选拔法律宣传人才，需要进行系列培训和选拔活动。每项工作都是关乎行业建设和发展的大事，都很重要，哪一个都不能敷衍。白天协调人员、布置工作、设计流程、审核内容，电话接了无数个，又打了无数个；晚上撰写材料、批改稿件，吃饭随便对付一下。长期高强度的工作，谁都有吃不消的时候。前几年，他被诊断出腰椎、颈椎出现了系统性问题，深受病痛折磨。医生强令他休息配合治疗，他表面答应了，但心里装着太多要做的事，偷着离开医院，去完成心中使命。“活干好了，真的可以止疼。”他说。

他在省市律协参与的很多工作，都走在了全国律师行业的前列。司法部办公厅与新华网联合策划举办了“砥砺奋进的五年·司法行政故事”最美法律服务人主题宣传活动，毕亚林于2018年1月被新华社、司法部授予“最美法律服务人（律师）”称号，2019年荣立二等功。

《论语·里仁》曰：“德不孤，必有邻。”毕亚林常说，一个人的德行分量要与其所处的位置相匹配。在他的“三观”里，强调利他才能踏实，大公无私服务他人的人幸福指数更高，有信仰就有坚持的理由和力量。他是这么说的，更是这么做的，堪当“最美”之名。

《道德经》云：“含德之厚者，比于赤子。”毕亚林，以赤子之情对待所处的国家，对待所在的行业。侠之大者，德之厚者，是谓也。

潮头问答

你认为广州的创新创业环境怎样？

在企业生存发展、创新创业的过程中，政府职能部门提供的公共环境是非常重要的。在世界银行发布的《2019年营商环境报告》中，中国在全球190个经济体中排名第46位，比上一年提升了32位，而在《2020年营商环境报告》中，更从第46位上升到第31位。值得强调的是，这一年中国的取样城市除了原有的北京和上海，还加入了广州和重庆两座城市。因此，广州的营商环境，并不只是局限于本地的影响力，甚至能够辐射到全球的经济圈。

但在近年经济增速逐步放缓、中美贸易摩擦的大背景下，改善营商环境仍然任重道远。春江水暖鸭先知，营商环境的好与坏，律师有直观的体验，因为无论国际还是国内，律师都是营商环境最主要的评价主体之一。我身兼广州市律政营商环境研究院副理事长，力求优化国际化、法治化、便利化的营商环境，除了政府部门，各领域专业人士组成的专家组也是不可或缺的中坚力量。

你加入新联会的初衷是什么？如何看待新的社会阶层人士所发挥的作用？

从统战对象转变成统战力量，我本人也有了比较丰富的统战经历，先后在广东省社会主义学院和中央社会主义学院进修，这是很难得的培养经历，也是一种荣誉。而从早期的知联会到新联会，也是一个有意义的转变过程。

我也是新联会律师分会的会长，这代表肩上的担子更重了，我希望借助新联会的力量，为广大律师参与基层治理、依法行政、服务市场提供更广阔的空间，同时也能进一步塑造律师正面形象，彰显广东律师的责任与担当，培养律师行业的崇高精神。

你对新联会的工作有哪些思考与建议？

2018年，我当选广东省第十二届政协委员后，提出了四个提案，如《关于建议成立粤港澳大湾区律师联合会的提案》。成立常态化的粤港澳大湾区律师联合会，可运用约五万名律师在不同法域，对不同服务对象提供法律服务所获取的第一手宝贵资料和经验，通过组建专业委员会、制度规则研究院等形式，为粤港澳大湾区的规则衔接、制度设计提供有针对性的、能落地的参考建议，充分发挥律师的专业优势，为大湾区建设贡献智慧与力量。这不但是国家发展的大势所趋，也是新联会的宗旨和目标之一：更好服务社会、更多为党委政府建言献策。

（文/茉莉、范凌）

我受这一方水土的滋养，就要让这一方水土的文化更有温度。

邓兆萍

用时尚为广州之美加分添彩

邓兆萍，广州市新的社会阶层人士联谊会时尚行业分会会长，中国著名时装设计师，2016年度中国最佳女装设计师，中国十佳服装设计师，亚洲时尚联合会理事，中国服装设计师协会理事，广东省服装设计师协会常务副会长，2019中国纺织非遗推广大使，广东纺织服装非遗推广大使，广府文化推广大使，中美时尚交流贡献大使，广东普丽衣曼实业有限责任公司执行董事长兼设计总监，邓兆萍时尚设计创新工作室营运总监，广州大学校外硕士研究生导师。

作为“中国风设计的符号式人物”，邓兆萍多个作品被中国丝绸博物馆、广东省博物馆、十香园博物馆等多家博物馆机构收藏。

邓兆萍是地地道道的广州人，也许是拥有天生的时尚基因，对服装的美有着不同的见解，在大部分人穿着蓝绿两种颜色的“中山装”的年代，她已捷足先登追求潮流，成为改革开放后广州第一批拥有独立工作室的设计师。

如今，在探索中不断完善的邓兆萍，一直在思考如何在设计中融入岭南文化，在民族化与世界性中找到平衡点。同时，她不惜斥巨资和精力投入到新型面料的研发、推广工作中，希望将科技、艺术、时尚三位一体有机结合，让消费者能穿到实用性与功能性兼具的服饰。伴着改革开放的春风，中国的经济处于蓬勃发展中，作为广东时尚军团的排头兵，邓兆萍不忘初心，始终致力于服装设计，为“全球美丽衣裳”贡献“广州力量”。

源自家学传承的广州本土设计师

邓兆萍的父亲曾经在香港开过制衣厂，20世纪50年代初，他带着家人从香港回到广州，希望参加新中国经济建设。邓兆萍的母亲既懂服装工艺又会经营，他们便在广州设立了门店。公私合营之后邓兆萍的父母都进了华侨工厂，成为高级技师。70年代，她的父亲荣获过“广东省十大技师”称号，为多位领导人和知名艺术家做过定制服装。

1994年，邓兆萍在广州成立了自己的独立工作室。这在当时是非常少见的，但她却信心满满：“当时广州市场特别大，人们对服装设计的需求更是日益增加。全国各地的人都集中来广州买货，批发。”她的判断没有错，一年后，她通过工作室获得了人生中的第一桶金。广东的服装业发展势头愈发良好，越来越多本土的服装品牌开始出现。

1996年是邓兆萍人生的一个转折点，刚从服装专业毕业的她带着一系列晚装作品，参加了第三届国际纺织品及国际服装服饰博览会首届“贤成杯”全国时装设计大赛，荣获了银奖。这是邓兆萍设计生涯的第一个奖项，之后一发不可收拾。

1998年，邓兆萍开始做自己的品牌，“兆丰制服”和“心水设计”，同时开了8家“心水”专卖店，尽管店面不大，但生意相当的好。

2002年，广东举办首届时装周，在花园酒店举行了邓兆萍个人专场发布会，这是她第一个专场发布会，也是当年唯一做专场发布会的设计师。

2003年是邓兆萍丰收的一年。她同时获得“广东十佳设计师”称号、广东省设计师协会最高奖“协会奖”、“高级时装设计师”称号和“中国十佳服装设计师”称号。

在高速发展的路上，邓兆萍依旧要求自己静下来复盘和思考。当时的她认为自己不适合做销售，做一个连锁服装品牌需要付出太多精力，会耽误她许多创作时间。2007年，她果断关掉所有零售店铺，从此只专注私人定制品牌和“兆丰制服”两个品牌的设计制作。

2014年10月，邓兆萍在北京饭店金色大厅举办了“盛世中华”主题时装发布会。她以29个省份的省（区、市）花和港澳台地区的代表花卉作为主要设计元素，创作出32件华服。“盛世中华”主题时装发布会应邀在广东省博物馆展演，邓兆萍也成为第一位在国家级博物馆举办发布会的设计师，其中5件作品更被广东省博物馆永久收藏。

2017年成为广州市第十三届政协委员之后，邓兆萍写过《关于如何提升中小学生的审美标准》的提案，还为学校设计了校服。谈起这件事，邓兆萍坦言道：“这个提案与我的专业息息相关，而我们中小学的校服，其实一直被学生所诟病。我认为，美学要从小培养，一个孩子从六岁到十五六岁，是他的世界观慢慢形成的一个过程，校服审美应该给人正确美学的引导。”于是她免费做了三个案例。最终其中两个方案都得奖，大获好评。这恰好符合邓兆萍的观点——美学确实没有评判标准，但大众审美是客观存在的。

拿奖不断的同时，邓兆萍的设计水平也在提高，视野被打开，她看到前方的时尚之路更开阔。

从文化洞悉世界，传承广府非遗文化

邓兆萍还被称为“时尚行者”。这个美誉缘于她四处游历采风的经历。意大利、美国、尼泊尔、以色列……那些年，邓兆萍义无反顾地踏上了游历之路，用最直接丰富的感官去获悉世界的庞大和微小，接受自然给予的每一次惊喜与馈赠，在旅途中捕捉灵感。当视野足够开阔、五感充分盈润，邓兆萍意识到需要用思想指导设计了。文学、历史、哲学……原本不在研习范围的专业书籍都被涉猎广泛的邓兆萍一一纳入书单。

2003年中国国际时装周，邓兆萍的“茶马古道”发布会，灵感就是来源于中国的茶文化和边境少数民族的元素，这次创作让邓兆萍获得“中国十佳时装设计师”称号。

2004年的“天梯”，则融入了云南民族服饰文化与梯田元素。

2007年，以印度为题材的“凡心·梵音”，是邓兆萍两年内3次去印度采风后创作的作品。发布会引起很大轰动，邓兆萍的个人品牌三度在中国国际时装周捧得“中国最佳女装设计奖”。

2012年，应越秀区政府之邀，邓兆萍在北京路以“海上丝绸·古道霓裳”为主题做了一场时装秀，在千年古道上展示了将文化、时尚、艺术相结合的作品《天青烟雨》。

作为本土设计师，邓兆萍最钟爱的还是岭南文化。“千年文化传承给予岭南丰厚的底蕴，尤其是岭南‘非遗’传承更需要获得重视。”邓兆萍说。从此邓兆萍的身份中又多了一份责任，她成了2017广府文化推广大使、2019中国纺织非遗推广大使。在那之后，她以《织梦岭南》作为主题，将岭南文化作为设计灵感融入服装，大获赞誉。后来，她又在服装作品当中把“三雕一彩一绣”等非物质文化遗产与时尚艺术高度结合，创作出《广府荟》《西来初地》《知否·岭南》等极具岭南特色的服装系列，巧妙汲取了岭南建筑的造型元素和流线因子，通过数字化解读，以阵列的方式融合于现代风潮的服装结构中，呈现出独特的立体效果。

创作中无限的灵感来源，有历史文化典故、特色花卉、广府地标等多样元素，还包含着中西文化碰撞与城市人文情怀，令科技、时尚与艺术跨界融合的独特魅力光彩绽放。

源于广府人的自豪以及在专业领域的自信，邓兆萍和姐姐共同开发了自己的文创产品“粤剧娃娃”。这个文创产品的诞生，源于邓兆萍的姐姐一次无心的抱怨。

邓兆萍的姐姐邓小玲是业内知名的画家，她非常喜欢粤剧。有一天，她向邓兆萍抱怨粤剧虽然有400多年历史，是世界级非遗，但现在主要是老人家去看，很难吸引一些年轻人，这是非常悲哀的。创作“粤剧娃娃”的念头在邓兆萍脑海里闪现。她把这个想法告诉了姐姐，姐妹俩一拍即合。

2015年2月，由姐姐邓小玲负责选曲种、搭配基础行头和确定形象；邓兆萍负责设计人物的外观，包括服装、色彩，融入更时尚化的元素，于是“粤剧娃娃”设计项目正式启动了。从设计到制作到生产，三易其稿，前后一共投资了几十万元，姐妹俩花费近半年时间完成了创作，共做了300套的限量版，一套里面14个娃娃。这些粤剧娃娃的形象皆来自粤剧经典剧目中的男、女主角，例如《白蛇传》《花月影》《睿王与庄妃》《小周后》《杨家将》《斩经堂》《珍珠塔》等。粤剧娃娃甫一问世，便引发轰动，几百套很快被抢购一空。

“我印象最深的一个画面是，当时粤剧名角林小群老师拿着她演过的剧目那对娃娃，80多岁的老人家忍不住落泪，说非常感谢我们对粤剧文化推广作出的巨大贡献，这对我触动很大。”邓兆萍回忆道。

年轻人喜欢二次元、动漫等亚文化，姐妹俩更希望借助可爱的粤剧娃娃，吸引更多年轻受众。她们相信年轻人与粤剧娃娃接触后，能有机会与粤剧相识，甚至热爱粤剧传统艺术。

专注科技材料，提升服装纺织产业产品的附加值

作为企业家一定要有社会责任心——这是邓兆萍的价值观。“生意人就是对自己负责，商人是对自己和对自己的企业负责。但是企业家除了对自己和自己的企业负责，还要对社会负责。在身为成功的设计师之后，我希望成为成功的有责任心的企业家。只要你不违背良心，不违法，对人类有贡献的事情你都可以大胆去做。”

邓兆萍除了执着于服装款式的设计外，对服装面料的选择同样执着。她在拿到面料后的第一个动作就是放在手臂上静置几秒，让肌肤给出是否亲肤舒适的评判。2014年，邓兆萍在北京饭店金色大厅举办了“盛世中华”主题时装发布会，被“中国风”的风华与神韵深深打动在场观众，发布会传递出强烈的 文化自信。

这次发布会具有革新意义，邓兆萍使用了以我国科学家自主研发的高科技材料聚酰亚胺纤维（PI）和我国特有的丝、麻混纺而成的面料来创作作品。因为这种新型纤维面料具有保暖性、生物亲和性、原生性远红外和阻燃等四大功能特性，通过运用先进技术与新型工艺，打通了行业内上下游产业链，大幅度提升了服装纺织行业产品的附加值，也引起了纺织行业创新改革的热潮。

2014年后，邓兆萍连续在中国国际时装周发布新型纤维面料服装系列，这一完美结合科技、艺术、时尚等元素，兼具实用性与功能性的服装系列赢得了更多消费者的认可，产品荣获2017年度中国十大时尚设计品牌大奖。

潮头问答

为什么坚持将自己事业的大本营驻扎在广州？

我是土生土长的广州人，我在这里长大，我的家人都在这里，我也在这里经历了自己职业发展关键的几个阶段，我与广州有着无法割舍的情感链接。

发展中的广州对我有着无尽的吸引力。我在研究和表达广东本土文化的过程中，发现即便我生长在这里这么多年，对这里的一切都那么熟悉，但当我真正着眼于一些微小的细节时，居然还是会发现有很多不甚了解的东西，这个过程真的是会不断给我惊喜。广东人是“敢为天下先”，我想把这种进取精神一点一点地挖掘出来。作为一个本土艺术家，我认为自己有责任和义务通过各种各样的呈现方式把当地的文化精神弘扬出去，这也是我现在的作品更多的是回归本土的原因。时下倡导各地域文化自信、文化复兴以及彼此之间的文化认同。我受这一方水土的滋养，就要让这一方水土文化更有温度。

广州服装行业发展历史悠久，从20世纪80年代末开始，广州设计师得以在广东这片热土上快速地成长。中国十佳服装设计师中有三分之一都是在广东培养出来的。我对这里有信心。

谈谈你参加新联会以来都有什么收获？

参加广州市新联会，给我带来最直接的收获，就是让我认识了广州很多很优秀的人才。当这些人聚在一起互相交流的时候，我能很深刻地感受到当下各个行业的新机遇，以及他们的创新与激情。这是我觉得最难得的地方。

与其他民间组织不同，新联会的组织架构是非常好的。首先她是国家大力推动的，她的主管部门是统战部门。联谊会里的成员皆是各行各业的佼佼者。从另一个角度说，这些成员大都是群众。新联会能给我们这群人一个政策的引导，这是其他协会做不到的。

令我印象比较深的是与会长的深度交流。我们新联会的会长是一个律师，工作之余，我也曾向他咨询过相关问题，他三两句话就能把事情说得很清楚。这样有效的沟通让我非常惊喜。

还有就是新联会开会的时候，很多分会其实会安排自己的节目，比如说舞蹈。我曾经利用我的专业知识引导会员们去走T台，为她们提供相关穿衣风格建议。这样的互动让我能更清楚地了解到，当下自己所在的专业领域的价值点和发展方向。

你对新联会有哪些展望和建议？

作为新联会时尚行业中有一定资历的人，我也希望这个组织能吸引更多我们的同行进去。他们会在自己专业的领域做得很出色，但从大的层面来说，能了解国家的发展方向、行业发展的动向，我觉得能进入这个组织对他们的事业是非常有帮助的。新联会就能起到这样的作用。

未来，我希望能通过各方面的努力，把广州的时尚分会建立起来，为我们整个行业搭建一个平台。目前我联系了一些机构，他们很有兴趣。他们加入新联会，有机会集中学习到一些专业以外的知识，而这些知识是能给他们的专业领域加分的。

2020年是新联会成立的第四年，我已经看到越来越多的行业分会建立起来了。我相信，新联会就是那星星之火，终可成燎原之势，凝聚更多菁英的力量，为广州为中国的发展做出更多贡献。

（文/周莹）

作为一名在广州扎根的创业者，我希望能为广州时尚行业“再出发”尽一份微薄之力。

方建华

从电商起步，打造广州的“时尚品牌生态圈”

方建华，广州市新的社会阶层人士联谊会电子商务分会会长，广州市政协委员，广州电子商务行业协会会长，中国服装论坛主席团轮值主席。广州市汇美时尚集团股份有限公司董事长兼CEO、“茵曼”品牌创始人。著名电商品牌读本《慢生活,快生意》原型作者，获得“2015中国商业最具创意人物”称号、“2018年广州商界突出贡献企业家”称号。

20世纪90年代末，方建华南下广州，在广州办工厂从事ODM（贴牌），开启创业之路。2008年，方建华创立了女装品牌“茵曼”。仅用了六年时间，“茵曼”就成为2013年“双十一”女装品牌全网销量第一。在阿里巴巴的IPO招股书中，“茵曼”以唯一女装品牌案例入选，成为中国服装业从ODM向品牌转型的实践典型。

2015年，方建华开创式提出线上、线下融合的全新品牌零售模式，“茵曼”启动线下战略——“茵曼+千城万店”，同时开展数字化进程，为日后的数字零售、数据中台和智能制造打下坚实的基础。两年后，“茵曼”线下销售规模达3亿元，成为第一个成功完成新零售尝试的女装淘宝品牌。

2020年，受新冠肺炎疫情影响下的服装行业深受打击。方建华当即选择并主导了第一场“茵曼”的带货直播，最终获得2小时带货125万元的佳绩。到目前为止，“茵曼”已经在全国170多个城市开设超过600家体验店，其间可圈可点的营销战役不断，多次教科书般地踩在了各个“风口”之上。方建华透露，“茵曼”正在广州打造第一个棉麻生活空间。

只身南下广州，从ODM开启创业之路

1998年，大学服装设计专业刚毕业的方建华，坐着拥挤的绿皮火车只身南下广州，渴望在这里实现自己的服装梦想。当时的他看准了广州服装行业的势能与务实的经商环境，东拼西凑筹得启动资金，兴办了第一个服装工厂，也就是今天汇美集团的前身——“广州市汇美服装厂”，做的是ODM外贸代工为主的生意。

没想到的是，第一单生意就给了他一记教训。由于缺乏经验，第一批订单在合作方制作过程中领口的尺寸出现了偏差，这直接导致了整批货物无法正常交付。这次合作几乎让方建华赔光了自己的启动资金，客户也不愿意再进行第二次合作了。但方建华没有放弃，反而更努力地争取与这个客户的第二次合作，他在客户下榻的酒店等到深夜，只为能跟客户见一面；他准备了更多的设计款，以供客户选择。最终，客户被方建华的诚意所打动，不仅实现了第二次合作，还争取到了一笔预付定金，这次合作的体量虽然不大，但效果非常好。一年后，服装厂人员规模从20人扩张到280人，方建华也赚得自己人生中的第一桶金。

外贸事业从1998年开始，一做就是十几年，汇美合作过上千客户。方建华坦言，他一直有个强烈的渴望，就是要自己创立一个品牌。2005年，阿里巴巴来广州招商，方建华听了马云关于电子商务与阿里巴巴愿景的一席话后，感触非常深，他认为这就是做品牌的好时机。当时汇美的服装外贸生意已经运行得很不错了，加上大家普遍对于电商也不了解，所以身边的人都明确反对他的决定，包括公司的财务也不相信电子商务能做成，但他还是坚持了下来，开始尝试在阿里巴巴平台做B2B（指商家与商家建立的商业关系）的国际业务，汇美成为广州首批做电商的ODM企业，而方建华也成了广州海珠区第一家开通“网银”支付的用户。

此后由于全球金融危机爆发，整个服装外贸形势发生了较大波动。2008年，方建华判断外贸代工不是长久之计，在充分考虑了外贸形势、互联网发展、公司现状等因素之后，2010年底，方建华做出了他创业生涯中最艰难的决定：砍掉经营了十几年、当时仍在赢利的外贸业务，集中力量做好“茵曼”品牌。

得益于汇美之前在传统行业积累的资本，以及几年来做外贸品牌订单而积累下

来的设计、生产、管理等方面的专业经验，“茵曼”有着远高于其他淘宝商家的起点。又经过几年时间，“茵曼”以棉麻品类的定位作为切入口，加上对电商平台运营规则的掌握，赢得了一批优质买家的芳心。2010年“茵曼”迎来了第一次爆发：以660万元的日销售业绩冲进“天猫双十一”女装前三名。

“这个成绩当时也是出乎我们自己意料的，当得知这个消息后，前三秒我是欣喜的，后三秒我马上反应过来，接下来的事情才是关键。”方建华回忆道。暴涨的订单量导致后台ERP系统不堪重负而出现崩溃，他们面临一个严重的问题——大量超卖了，订单缺货高达200万元，最严重的是还面临着超卖导致顾客索赔，被平台处罚关店的风险。方建华当即召集团队，人工重新盘点库存，补货、调货并挨个跟客户沟通，商量解决办法。21人的核心团队，在公司不眠不休地干了七天七夜。最终，没有一例客户因为超卖发起投诉，“茵曼”完美地化解了这场危机。

到达顶峰却看见荒芜，重建认知适应新变化

这段经历让方建华更深刻地了解到与客户沟通的重要性，也更加清晰地认识到如何走好“茵曼”品牌建设之路。方建华认为，品牌是线上、线下“两条腿走路”，而线下渠道有利于提升消费者体验和品牌形象；同时预感到未来线上增速放缓终会到来。

2011年9月，经过近一年的思考和半年的准备，方建华在广州发布了“茵曼OAO模式”（即线上和线下的结合体 Online And Offline），在当时的发布会上方建华还现场揭开了“茵曼OAO”的神秘面纱，展示了一个高的立式触摸屏，实体店加上在线商城，线上、线下商品均同款同价。

“茵曼”的首家实体店选择在广州老牌广场——中华广场，开业后第一个月实现了微利，这给了方建华一定的信心。当时从广州出发，“茵曼”将店铺一路扩展到广东、山东的多个城市。虽然之前有服装供应链的根基和掌握线上品牌的运作，但对方建华来说，在线下开体验店可谓是摸着石头过河。由于当时智能手机尚未普及，消费者对于这种线上线下新模式消费习惯的形成仍需要时间。

2012年底，“茵曼”的销售规模达到3亿元人民币，全年实现同比三倍增长。然而，这样的成绩几乎完全得益于线上。线上线下差距的悬殊，让方建华开始改变2013年的战略重点。当时线上零售的增长势头很猛，他连夜召开管理层会议，最终得出决策是将业务聚焦在线上，忍痛暂停了线下实体店业务。

市场的走向证明了他做出的判断。2013年，“茵曼”迎来了爆发，夺下“双十一”全国女装销售冠军，单日销售额高达1.26亿元。从此，“茵曼”进入了稳健发展期，并长期稳居女装第一梯队。2014年，汇美集团旗下品牌“茵曼”成为阿里巴巴IPO招股书唯一女装品牌案例，代表中国服装由ODM向原创品牌B2C（指企业直接面向消费者的模式）转型的成功实践。而方建华本人也受到了邀请，出席阿里巴巴在美国纽约的敲钟上市仪式。

当被问及“茵曼”能迅速发展的“原始”方法论时，方建华说：“在汇美，我们都说高层亲自下地走两步。广州是一个非常务实低调但不乏创新的城市，广东人‘敢为天下先’这种善于思考求变的精神对我影响很大。要清楚地知道自己的认知边界，并不断自我打破边界。”

“茵曼”聚焦渠道的调整是比较顺利的，但电子商务的大环境却在慢慢发生变化。在2014年的一次媒体沟通会上，马云首次传递了“天猫双十一”对品质的追求。方建华听出了其中的深意。2014年开始，天猫进入了重点支持传统线下品牌触网、吸引海外品牌进驻的时期。在之后几年的双十一排名中，位于前列的品牌基本都由之前的“淘品牌”变成了优衣库等传统线下品牌。“淘品牌”面临巨大挑战。看到这种局面，方建华主动调整了“茵曼”的经营策略。一方面，“茵曼”母公司汇美集团开始扩张，先后并购潮牌女装“初语”；另一方面自创高端女装品牌“生活在左”，形成了多品牌格局。

2015年，“茵曼”作为诞生于互联网的女装品牌进军线下，开启“茵曼+千城万店”新零售探索，在没有任何案例可以借鉴的情况下，“茵曼”新零售独创“电商+门店+社群”的运营模式，推动线上线下一体化融合，且取得初步成功。同年，“茵曼”第二次参加了《女神新装》,陆续跨界和国外设计师、明星、作家、漫画家合作，成功完成了从互联网品牌向全民品牌过渡。同年汇美集团以13亿元的估值获得国内上市公司搜于特3.24亿元投资，创下国内电商品牌估值和融资额双纪录。

2017年，“茵曼”线下实现销售规模约3亿元。店铺已覆盖万达、凯德、金鹰、新世界百货等购物中心。一线城市以直营店为主，二三四线城市以加盟店为主。至此，“茵曼”长达8年的线上线下“两条腿”发展的布局，取得初步成果。

2019年初，汇美集团发起投资的于都脉动智能制造时尚产业园正式开业。园区占地面积14万平方米，引入了一批国际先进的智能自动化生产设备，为打造全球领先的时尚产业智能制造供应链生态平台、建立汇美供应商升级标准奠定了基础。2019年12月，第十四届亿邦未来零售大会于广州保利洲际酒店召开，会上方建华发表了“从设计师品牌到智能工厂，互联网服饰要做‘厚’”的主题演讲。他反复总结构成千亿级服装品牌的五大共同特质，并透露汇美下一步将着力于数字化零售的升级，调配优质资源继续夯实“底盘基础”，将“茵曼”这个品牌做厚。

共享优质资源，打造“时尚品牌生态圈”

“全国有很多设计师自己开店创立品牌，但成功的很少。广州作为服装行业领先地，更是不乏优秀设计师，但可能因为缺乏一些其他资源辅助，想要建立品牌并不是那么容易，这个时候，优质资源整合就变得十分重要。”打造“茵曼”的经历让方建华产生了新的想法，从2013年开始，方建华在多品牌战略的发展上，不断优化升级。经过数十年的发展，汇美集团旗下现有“茵曼”“初语”“生活在左”三大主力品牌，年交易规模约25亿元，累计会员超1000万，成功转型为国内领军的特色时尚品牌集团，目前正向打造数字化零售系统，实现线上线下流量互通、上下游产业链联动、多重品牌风格互补、时尚创意人才聚集的“时尚品牌生态圈”迈进。

2020年，新冠肺炎疫情危机下，“茵曼”快速反应，采用线上社群营销为主，线下为辅的策略，在“茵曼”全国店铺仅开业10%的情况下，销售额达日常140%，融合小程序、抖音等多种渠道，日流量达到万级。面对零售业态更新迭代加速，方建华提出了他的观点：时尚品牌要从价格战转向价值战；从流量思维转变到消费者心智思维，才能在未来零售业获得一席之地。

你的个人成长和事业佳绩，跟广州这个城市有什么样的关系？

首先是情感方面的。就我个人而言，我是非常喜欢这个城市的。广州的气候很温和，既不会太冷，也不会太热，很舒服。加上广东人爱吃也会吃，在这里生活，我感觉很幸福。可以说我是在这座城市成家立业的，广州见证了我人生中很多重要的时刻。

第二就是这里的经商环境。当初我毕业就义无反顾地来到这里，是因为广州潜在的机会深深吸引着我。广州服装行业发展历史悠久，很长一段时间都是中国时尚流行趋势的风向标。过去20年，广州在设计研发、面辅料、生产制造方面形成了较为完整的产业链条。事实证明我没有选错，甚至来到这里之后，我发现这里比我想象中还要好，广州人很实在、务实、不排外，在这里，不是粤语走天下，是以普通话横行天下。广州的政府是真正为了企业在做服务的，这里有良好的创业环境。这些因素都深深地影响着我们经营企业的方式方法。

加入新联会以来，你有什么具体行动与思考？

我是2020年初开始参与新联会的活动的，还是一个新人，目前更多是在一个探索和摸索的状态。入会之初，会长邀请我加入新联会担任电子商务分会会长，说实话，压力是有的，但更多的是动力。

2020年，自新冠肺炎疫情暴发以来，对经济发展的影响已经渗透到各行各业。服装、时尚行业算是重灾区了。随着疫情得到有效控制，如何促消费，保经济，已经成为政府和企业共同关注的重点。在这样的大环境和全国时尚浪潮下，我认为重振“广州时尚之都”的历史地位是大势所趋，也将是广州寻找新的增长机遇、增长点的有力抓手。

作为一名在广州扎根的创业者，广州市新的社会阶层人士里的一个代表，我希望能为广州时尚行业“再出发”尽一份微薄之力。加入新联会，让我认识到更多行业的精英，在与他们的交流中，我能收获更多灵感。未来，我也将协同更多行业内外的精英，通过新联会这个窗口，积极推动广州时尚总部经济、汇聚文创人才、推进时尚产业数字化的提升，重振“广州时尚之都”的产业地位。

谈谈你对新联会有哪些展望和建议？

我一直坚信，做企业要有大格局，企业对社会贡献大，企业才能做大。新联会是一个“很新”的平台，在这里，我不仅可以和同行共享资源，还可以跟更多不同的行业交流。纵向交流有利于深度思考，横向分享不断更新人的全局观。这对当代创业者来说是非常有必要的。

我相信未来新联会一定会吸引更多优秀的人加入。我希望能通过我们这批人，为新阶层贡献力量，扩大新联会的影响力，壮大这个群体，让大家链接互动得更加紧密，最终贡献更多行业智慧，共享美好生活。新联会，聚是一团火，散是满天星。

（文/周莹）

动漫内容作为文化产品，除了商业价值，还承载着一定的社会价值。广州是一座历史底蕴深厚的现代化城市，有很多正能量和优秀的文化题材值得我们挖掘。这个良好的文化氛围，无限激发着我们的创作灵感。

古志斌

用原创动漫讲述中国故事

古志斌，广州市新的社会阶层人士联谊会动漫行业分会会长，英国曼彻斯特大学商务信息技术硕士，“猪猪侠”之父，咏声动漫创始人、董事长兼执行总裁（CEO），任中国动画学会常务理事、广州动漫行业协会执行会长等社会职务，曾荣获2011年动漫新锐、广州市优秀文化企业家等奖项，是国内数字动画领军人物。

古志斌专注于中国原创动漫IP产业15年，作为国内最早数字动画探路者，深耕产业，坚持以数字动画技术驱动文化创新，成功打造了多部重量级头部动画。目前中国市场热度持续时间最久的国产动漫IP“猪猪侠”，保持着15年来每一季新片首播必然“霸榜”的收视纪录。

咏声动漫是国内最具影响力的动漫公司之一，坚持以动漫IP为核心的全产业链布局，通过持续创造和利用不同的原创动漫IP资源，不断提高动漫内容、产品和服务的创意性、创新性，促进动漫电视电影业务与动漫衍生业务的良性发展。

咏声动漫致力于为儿童和拥有童心的人带来最优质的文化娱乐体验、发展有民族特色的动漫文化事业，以动画为载体，传承、发扬中华优秀传统文化，力争成为亚洲领先的动漫内容和动漫衍生产品及服务的供应商。

从传统音像到数字动画，金碟豹转型原创动漫

古志斌的父亲古晋明是中国最早一批民营唱片公司中的咏声唱片的创办者。在唱片业兴盛的20世纪80年代、90年代，家家户户几乎都有“金碟豹”的光碟。人们所熟悉的卓依婷、孟庭苇都是公司的签约艺人，金碟豹的唱片品牌承包了中国年的贺岁档，在大街小巷听到的贺岁歌，如《恭喜发财》《好春天》等都是咏声出品。

2000年以后，数字音乐兴起、盗版光碟的侵入，唱片业进入一个快速更迭期，唱片公司进入大浪淘沙的时期，大量公司破产、重组和倒闭。

古志斌父亲的公司虽然“活”了下来，但很难再有大发展的空间。“当时，我父亲考虑转型。既然真实的艺人不容易培养，不如学迪士尼做一个虚拟艺人，既不会老，也不会违约，还没有绯闻。”古志斌笑称，大家所熟知的“猪猪侠”正是在这一背景下诞生的。

2002年，古志斌在英国留学。按照计划，计算机专业毕业后，他就在当地创业，安家，其创办的一家跨境互联网贸易公司，做得有声有色。然而，家族的命运最终改变了他的人生轨迹。

古志斌毕业回国接手原来的咏声唱片，在国内主流动画制作还是二维动画的制作环境下，成为首批尝试数字动画制作的公司。2006年，首部数字动画作品《猪猪侠之魔幻猪猡纪》在南方少儿频道首播，从那年开始，就形成了每年推出一部猪猪侠动画片的惯例。

国务院出台大力发展国产本土文化创意产业的政策，相关部门作出对电视台播放动画片时长比例、黄金时段只能播国产动画片等规定要求，对这个时候的国产动画公司而言，就意味着开始有从市场端产生的需求。国家适时推出扶持国产原创动画的政策，包括播出奖励。很多企业在这个阶段通过政策的扶持，平稳度过困难的转型期。

当然，仅有信心自然是不够的。在国家大力支持文化创业产业发展的背景下，像古志斌这样的三维动漫制作公司如雨后春笋般冒出。如何在这一领域胜出，走长远发展之路，深耕行业多年的古志斌行稳致远，逐梦前行。

相信IP的力量，做动漫需要沉住气

古志斌说：“电脑动画其实是最前沿的计算机图形图像技术和最优秀的创意相融合的产物，也是中国文化走向世界时，文化壁垒最小、最容易形成广泛传播的一种作品形式。文化自信和文化强国不是口号，而是每一个文化创意者应该坚信的价值理念。”

咏声动漫经历了漫长的探索期，国内文化创意产业生态面临方方面面的压力，如缺乏清晰的盈利模式；长期以来依靠政策补贴；盗版行为猖獗等。

电视台的购片费用不高，动漫制作机构既无法通过这个节目本身的播映权销售来回收投资，又无法通过产品衍生品授权回收成本，是维持原创面临的现实困难。经常节目刚推出，第二天盗版就出现。

古志斌回忆起创业最初几年的春节都非常难熬。直到2013年，以乐视为代表的互联网视频网站开始兴起，乐视牵头采购正版版权，大量的支付版权费用，在采购正版版权之后，同时对其他的视频网站侵权行为发起诉讼，视频网站正版化采购成为常态，动漫产业才有了喘息的机会。

对于古志斌来说，最欣慰的时刻，是2007年7月26日《猪猪侠之武侠2008》在央视少儿频道黄金时段首播，这是首部广州原创3D动画片登陆中央电视台。在省市领导的关注与支持下，当时举行了盛大的新片发布仪式，邀请了省市多位领导及业界嘉宾、驻穗媒体以及动漫迷约500人出席参加。

2008年，上海文广集团在春节期间发行原创动力公司的《喜羊羊与灰太狼》大电影，创造8000万元的票房，给整个动画行业重新带来信心，动漫行业陷入“狂欢”。

古志斌说，做动漫最重要的是能沉得住气。到现在为止，动画产业依然是一个长周期和长链条的行业。

从一个创意形象创作开始，到动画或电影的制作发行，动画衍生品的开发与销售，IP孵化周期通常需要3—5年时间。如果沉不住气，就无法培养一个有生命力的动漫IP 。

不忘初心，致力讲好中国故事

国内动画产业发展仍未进入一个成熟阶段。在这样的环境下，作为一个企业的领导者，古志斌说："我最希望中国的创业艺术家，能够拥有一个更良好的创作环境。"

古志斌选择回国做动画，其实还源于大学时期的一个插曲。那时候，古志斌大学宿舍有6个室友，宿舍里有共用的厨房、共用的洗衣间。每一天放学回到宿舍，大家就会聚在一起做饭，晚上一起看英国电视节目。某一天，舍友们一起讨论，谈及宿舍里的锅是Made in China，衣服是，电视机也是，似乎一切都是Made in China，为什么电视台里面播的不是？

在英国，似乎从来没有看到来自中国的作品，包括动画片以及其他影视作品，从来没有见到英国人对中国的理解。能够看到他们了解中国的唯一一种方式，就是去唐人街吃一顿中餐，一顿非常不像中餐的中餐。

这件事给古志斌很大的感触，他开始诞生一个想法：希望早晚有一天，把中国的故事、中国的作品放到英国的电视台里面播。如今这个看起来年少轻狂的梦想已经实现了，《猪猪侠》《百变校巴》等多部咏声出品的动画海外发行取得了不俗的成绩，而扶持更多优质中国动画走向世界，成为古志斌的行业初心。

在2015年，咏声动漫的青年动画艺术家扶持计划启动。青年动画艺术家扶持计划是咏声动漫动画公益品牌项目，致力于以动画技术赋能创意梦想，旨在探索艺术创意、动画技术的融合发展，通过为全球动画创意人提供专业诊断、技术支持、宣传推广等方面的资源与扶持，挖掘与培育具备前瞻视野、卓越创意的动画新生力量。该项目自2015年发起以来，成功孵化《觉醒》《狮子学狮》《落凡尘》等多部优秀创意作品，荣获2020第十三届泽西海岸电影节短片奖等多项国际大奖，引起业内广泛关注，大力推动了国内动画的技术交流与发展，有力提升了中国动画的国际影响力。

咏声动漫是国内最大的动画制作公司之一，艺术团队和技术团队大概是1：7的配比，技术团队占多数。谈及动画技术上新的尝试，古志斌提到企业在CG（计算机动画）领域自主开发的流程管理系统。这个系统可以让远在天涯海角的创作者像坐在同一个房间里一起工作，解决他们的远程协同问题。在2020年的新冠肺炎疫情的影响下，这个系统发挥了它的作用，即使没办法在办公室上班，也不影响团队在家里云办公。

有这样一套系统的支持，让投资人及时监控项目的制作进度，实现数据追踪。咏声多年积累了一个很大的3D数字资产，现在的技术力量用于支持、达到想要的艺术效果已经完全没有问题。如今咏声动漫负责艺术的导演，会提出各种各样的创作需求，这些创作需求往往需要利用现有的技术力量去实现，有些就需要新技术的开发去实现。技术是为艺术服务的，而技术有时候也会对创意产生启发。

古志斌说："现在更多的精力在研究技术发展，看是否有新的机会，跟不上技术发展，就会被淘汰，能跟上就是巨大的机会。"

咏声三十四载，坚持比胜利重要

从小看着父母经商，古志斌耳濡目染的是一份能耐得住寂寞的坚持，遇到困难不会轻言放弃。企业在发展的过程中始终坚持稳健的步伐，即使在疫情对经济产生巨大影响的情况下，咏声动漫也凭借良好现金流和业务累积，不裁员，不降薪。古志斌说公司一直有充足的资金储备应对不确定风险，在系统性风险面前，自身累积能够帮助企业抵抗风险，获得更多的市场机会。

古志斌在公司建了一个猫房，领养了很多流浪动物。他接受采访的时候，一只在一个月前收养的流浪狗小法就十分信任地搭在他身上睡觉。他和太太从相识到结婚，都在英国，两个人都很喜欢动物，所以很自然地走到一起。

一个喜欢动物、热爱生命的人，总是充满幸运的光芒。古志斌说，他曾经的梦想是做一名兽医，现在他也支持自己的孩子们和动物亲密接触，"首先，孩子们会有爱心，其次，学会照顾别人，尊重生命"。他希望自己这些充满生命力的作品能够让下一代拥有爱心和无穷的想象力。

咏声动漫有很多热爱动物的人，总导演陆锦明从小是一个哥斯拉迷，养着一群蜥蜴。最近推出的《猪猪侠之深海小英雄》系列，是一部讲述海洋故事的猪猪侠动画片，既有娱乐性，也有知识性，里面涉及海洋生物、海洋环境等知识，剧本的编剧都是围绕着这些科学现象或科学研究，继而进行剧本的开发。古志斌觉得，广州是一个做科研的好地方，考虑后续推出跟植物相关的作品。

谈及人生与“猪猪侠”的缘分，古志斌认为“猪猪侠”成就了他，“猪猪侠”的成功奠定了咏声动漫在行业的影响力和地位。作为一个已经长青15年的经典IP，“猪猪侠”系列已经有30多部电视动画片、5部动画电影、5部舞台剧。到目前为止，“猪猪侠”系列在各个平台，包括电视台的收视率、互联网的点击率都相当不错，甚至只要一有新片上映，就会是收视率第一，毫无疑问，“猪猪侠”已然成为国内经典动漫IP之一。

作为咏声最具品牌价值的动漫IP之一，“猪猪侠”陪伴了一代年轻人的童年，这只勇敢正义的国民小猪成为童年最好的伙伴。咏声动漫将持续投入，继续打造更具创新性的动画与电影，让“猪猪侠”成为更多人童年的伙伴。

你觉得广州的创新创业环境对动漫产业有什么帮助？

广州是一个务实、包容的城市，多元文化和产业在这里都有广阔的生存空间。广州的营商环境好，企业家、政府部门都非常务实，专注于产业和服务。同时，拥有大量高校资源，为企业和产业发展源源不断地输送人才。广州集聚了中国高端制造业，技术驱动成为城市发展的新动能。动画技术的高端制造既是文化的内需，也是制造的外延，这得益于广州优渥的资源禀赋与创新创造氛围。

你怎么看待新的社会阶层人士这个群体？

我们应该充分发挥好新的社会阶层人士的作用，团结起来增添共同发展的新动力，承担起传播东方文化和价值观的使命，让作品以喜闻乐见的形式，广泛地渗透到大众的日常生活中，发展有民族特色的动漫文化事业，以动画为载体，传承、发扬民族文化，加强中外文化交流，积极推动“中国文化走出去”。

你认为新联会起到了什么作用？

新联会的兴起，推动了我们讲好中国故事、传播当代中国价值观念，及加快国际合作和创意资源整合的步伐，是积极促进让更多作品进入更多国家，让世界了解中国，了解中国文化的有效举措。

（文/余晓璐）

和年轻人多交流是很有意义的事。我非常愿意为新联会多做一些有利于传播广州和社会正能量的事情。

何五元

匠心创意绘羊城，永做品牌摆渡人

何五元，广州市新的社会阶层人士联谊会常务理事，广州云创数字科技股份有限公司董事长兼总裁，公共关系和移动互联网营销专家，广州市政协委员，广州市全面优化营商环境咨委会专家委员，武汉大学广州校友会副会长，武汉大学泛珠三角校友企业家联谊会常务副秘书长。

作为武汉大学知名校友，何五元创造的两大IP“珞珈赋”和“珞珈少年”，使其成为武汉大学的风云人物。他一直坚持在广告、公关传播行业深耕，并多次荣获《广州日报》广告金奖、银奖，全国广告优秀奖（2项），中国最佳公共关系案例大赛企业形象类银奖，著有《营销造势：经济危机下的营销宝典》，并获中国十大知名财经营销网站联合推荐。作为“中国创业产业100强”企业的领头人，何五元在公共关系和移动互联网领域多有建树。

浸润在广州本土广告、公关行业近30年，何五元成为业内资深的营销人，多个知名品牌都打上了何五元的印记。他所领导的云创数字（原龙舟公关）有限公司，以策略创意赢得顶尖客户战略长期合作，已经成为广州本土最富有创造力的策略型公关公司之一，为广州以及国内外众多知名企业在知名度和传播方面做出了卓越的贡献。

如今，何五元在广州安家已32年，因为距离适宜，他每天清晨从天河公园步行到公司。曾经的“珞珈少年”，已成为羊城新阶层，扎根品牌传播行业，将拳拳创意匠心，倾注在服务的每一个品牌中，并将一如既往、坚定不移地为广州和国内外品牌带来更精彩的创意，助力企业品牌发展，托起行业腾飞。

初至羊城，落脚万宝务实工作创佳绩

何五元出生在湖北黄冈，一个以教育闻名的城市。后来他考上武汉大学，读中文专业。大一的时候，17岁的他所写的《珞珈赋》被学校立碑镌刻在武汉大学校门广场，这是武汉大学成立以来第一次有学生的作品被铭碑纪念。

最经典的段子，莫过于他的一位师妹形容的："有个奇葩师兄，大学时写个作业，被武大刻在了石碑上。这篇作业正是其大学一年级时挥笔写就的随堂作业《珞珈赋》，如今被铭刻在武大正门口，被众多学子争相传诵。后来何五元被邀请谈这篇文章的创作历程，发了一句'永是珞珈一少年'的感慨，又被抢走作了武大名言，成为毕业典礼的主题。"武汉大学老校长刘道玉说："我认为，它将是武汉大学的千古绝唱，前无古人，后无来者。"在刘道玉最新写就的《其命维新》一书中，《珞珈赋》被列为他主政武大期间十大成就之一。

1988年从武汉大学中文系毕业后，何五元南下广州。回忆起初到广州的情景，他说那时候从武汉坐了20多个小时的火车，还来不及感受太多，紧接着自己摸索着坐公交车到燕子岗的单位报到。

那时国企单位福利待遇格外优越，一个月八百元的工资相当可观。何五元说，这也是天时地利的原因——当时家电市场蓄势待发，冰箱市场竞争者寥寥，几乎是万宝冰箱一家独大，完全不愁销售业绩。

在万宝工作期间，何五元参加了一个国家质量管理奖项评选活动。那是质量管理领域最高的荣誉评选活动，需要对质量管理的所有环节全部分解并了然于心，同时，还必须确保这个体系能够切实有效地运用到整个企业生产的各个环节。

借着这次机会，何五元第一次对万宝企业的质量管理工作有了全面深入的了解，从更加专业的角度，他知道了所有的程序从落实到具体的实践，以及每一个细节、环节是如何实现可实践和可控制的。"生产制造"各个环节的品质保证很重要，需要把每个细节的关键点、核心点都把控好。

实践出真知，这样磨砺出来的体系制度才能够在实际的生产制造中被很好地运用。这一年，何五元年仅22岁，通过这次参与，他对工作的意义理解得更加深入，同时对管理工作有了最初的经验积累。从走出校门到深入了解企业经营，他迈出了坚实的一步。

何五元说："那时候刚毕业，大家都还在适应新的身份和熟悉工作，没有什么远大的目标，每天就是把本职工作做好。"两年的时间，何五元就做到了副科长。到了第三年的时候，何五元选择了离开，因为他想跳出舒适的环境，换一种活法和方式，来感受广州日益变化的城市节奏。

结缘太阳神，十年创意不息助其芳华绽放

或许是心中的创意热情一直蓄势待发，机遇在不经意间悄然而至。离开万宝之后，何五元得知太阳神集团在招聘，他立刻应聘并顺利通过，以广告文案的职位开启了心仪的创意工作。一切都顺理成章，"其实我在万宝工作的后阶段，就对创意的工作很向往"。

从1990年到2000年，在任职太阳神集团的10年里，何五元从品牌文案做到了高层的职位。他擅长洞察消费者的精准需求，并以易于接受的语言风格诠释产品的卖点，提炼出的概念不拘一格又深得消费者喜爱。

何五元的工作重点转向了品牌公共传播，那时候硬广和纸媒的广告投入是其次，更重要的是公共关系的经营。他深研市场，紧跟消费趋势，以富有创意而又喜闻乐见的方式让产品走进消费者心中。

创新是大趋势，具体体现在创意的形式和运用的技巧上。何五元说，如今信息传播的渠道太多、速度太快，唯有消费者喜爱的创新内容才有持久的生命力。公关和广告最大的不同是广告自我感觉良好，而公关则需要用第三方的角度获得认可。

相比之下，他认为公关更具挑战性，需要选取精准合适的传播渠道和切入点，巧妙地铺陈开来且要让消费者乐于接受，这是一个需要钻研琢磨的事情。虽然纷繁快速，但因为热爱，所以长情。已在公关传播行业耕耘多年的何五元依然激情饱满，不遗余力地把自己的蓬勃创意挥洒于更多品牌。

领航云创数字，将匠心注入灌溉品牌之魂

2015年7月，何五元加入云创数字并出任执行董事。2016年8月9日，云创登陆新三板。以内容营销和整合营销传播服务为主，秉承“以策略引导传播，以技术引领服务”的理念，通过沟通创造传播价值，用数字技术驱动营销创新，聚焦“内容+技术”的复合能力，整合营销解决方案，实现营销价值最大化。云创服务的内容涵盖品牌策划、公关传播、媒体发布、舆情管理、危机公关等方面，倡导策略导向型公共关系。

目前广告行业数据点击作弊现象靡然成风，何五元带领云创数字不断突破创新，树立行业标杆。他和团队成员开发创建了Offerslook系统，打造了全国第一家效果付费的广告效果追踪评估科技公司。Offerslook通过SaaS（软件的服务化）的方式，帮助全球互联网效果营销公司及广告网络创建自有的效果营销广告管理系统，提供以全球广告主资源管理和渠道营销效果追踪及优化为基础的完整解决方案。平台运用精准的数据，提供以广告主资源管理和渠道营销效果追踪及优化为基础的效果广告技术，按效果付费（而非按点击）并全面覆盖全球网络，可以帮客户降低80%的运营成本，并成为亚马逊AWS先锋客户代表。子公司逸趣信息科技成立几年来，已成长为国内第一家也是最大的海外移动广告监测效果付费公司，向40多个国家输出技术和品牌，服务全球3000多家客户。

18年间，各行各业耳熟能详的品牌都打上了他的印记。他主持的华帝集团年度公关运作，创造了一年内在全国范围提升企业知名度20%的记录；助力广州（广东）移动通信公司三次成功转型：从纯语音，2.0数据到3.0移动平台时代；革了洗衣粉的命，把蓝月亮洗衣液从只占3%的市场做到50% 。服务华帝集团6年，以核心燃烧科技做中国燃气灶大王；服务小熊电器4年，开启小家电电商娱乐营销新模式，并助力小熊家电于2019年成功上市，成为中国家电行业创意小家电第一股。

在何五元看来，公共关系是沟通的艺术，良好的沟通可以创造价值，更好地为人所接受。“好的沟通不是高高在上，而是真实鲜活亲切的。”他关注到广州市政协的一个节目叫“有事好商量”，其效果很不错。“如果内容能够再接地气一点，

议题再聚焦一些，不仅关注民生，还可以关注经济，整体效果可能会更好。”

现阶段，对于营销行业来说是一个艰难的时期。针对目前流行的网红经济和直播潮流，何五元坦言，潮退了才知道谁在裸泳，谁倒在沙滩上。唯有品牌，才是企业家最应该去耐心经营的永恒资产，其余都是过眼云烟。没有品牌，即使靠一两次大V直播卖断货，卖完了消费者也不一定记得你是谁，因为你就是个裸泳的。网红经济的喧嚣会让很多企业家陷入急功近利的泥潭，从而不能自拔；在网络巨头们或明或暗的推动下，国内营销行业也在不断地畸形追求转化效果，营销的“大跃进”蔚然成风，这一点特别值得企业界警惕。忽略了品牌力的塑造，没有耐心，不花精力去塑造自己的品牌，这就很难产生基业长青的企业。金字塔不可能一天建成，做品牌就是一层层垒起金字塔基石的过程；水稻也不可能一天就成熟，需要播种、施肥、浇水、除草，需要阳光和雨露，这也是品牌塑造需要付出的，但是现在很多人奢望不播种，只收稻子，必定会付出沉重的代价。

任何行业都不免有浮光掠影的一面，坚守初心就是守护一份真心，何五元时常提醒自己不忘初心。他说，如果时间可以倒流，我依然会做那珞珈山头的翩翩少年。珞珈山习得的求真务实让他在羊城继续传承，为更多企业赋予光明正向、有创造力和生命力的品牌之魂。

广州的创新创业环境对你个人产生了怎样的影响?

广州媒体行业很发达，互联网科技企业近些年发展势头不错。云创未来会坚持用科技来加持内容输出，比如人工智能和5G技术等。每年我们会提很多建议，但坦白说，财政支持和创业环境还需要有一些更好的改善。我是很早在广州安家的，所以创业也就在广州。广州是一座非常适合生活的城市，相对其他一线城市，物价房价都十分友好，生活节奏不快不慢，有利于身心健康。我个人一直很喜欢广州，但想起刚来的时候，大家开玩笑说担心以后在广州讨不到老婆。这些年广州变化巨大，越来越多元和有创造力，任何人都会在这里找到自己的机会，无论是个人发展还是创业发展，空间和潜力都十分巨大。

你对新联会这种组织形式是如何理解的?

首先，成立新联会这个组织很有必要，让各行各业优秀的年轻人找到自己的组织和归宿。尤其是专业人士，像律师、传媒人士能找到自己的同类交流，这个非常有意义。我觉得这是一件功德无量的事情。

新联会给了我们一个地方，就像一个再生之地，让不同的企业家找到自己的同类交流学习，视野得到开阔，资源能够共享，还可以联络感情。新的社会阶层人士大多数是行业的优秀者，具有一定的正向影响力，把这里作为出发点是很好的选择，希望我们每一个成员都能够以这个身份为荣，接受和认可它，形成一种凝聚力，尽自己所能献计献策。期待更多的优秀同行加入新联会，一起努力成长，一起为我们广州的发展贡献力量。

你在新联会工作的感受和思考有哪些？

新联会在组织建设方面需要好好思考，可以做成自己的品牌，更加深入聚焦一些，生动有趣一些，让别人觉得是自己的组织。比如最近我们合作的一些品牌，会设计一些表情包或者漫画，名字也会很有趣味性。这样整个品牌就是一个有血有肉的鲜活的形象。长远来看，品牌的辨识度和精神内涵才是持久的核心价值。

新联会这个平台集合了各行各业的领头人，我觉得大家要有这样的一个品牌理念。比如我们武大校友会，有自己的会歌、会旗，校友之间经常组织交流讨论，就像一家人，最近经常有校友来我公司的办公室交流。我觉得新联会也需要创造这样一种天然的亲和力。从个人层面来讲，我觉得和年轻人多交流是很有意义的事，就是珞珈少年精神。我非常愿意为新联会多做一些有利于传播广州和社会正能量的事情。

（文/王彩）

在什么场合以及如何展现新的社会阶层人士的作用，这一点很重要。

焦杨

初心召唤，半路转型热忱服务社会

焦杨，广州市新的社会阶层人士联谊会社会组织分会会长，广州市社会组织联合会秘书长，广州社联困境儿童关爱中心理事长，广州市社会组织专家库成员，广州市民政局智慧团成员。

焦杨在工作岗位上业绩突出，被授予“广州市劳动模范”称号；荣获“中国社会报先进个人”以及“社会组织新闻宣传工作先进个人”等奖项。

自中山大学社会学专业毕业后，焦杨在企业工作了10年，但社会学改善人与社会关系的理想一直深埋在她的内心。进入社会工作领域后，焦杨从最基层的社区服务做起，一边艰苦奋斗，一边紧跟时政动向，最终为自己的工作交出了一份满意的答卷。

从基层社区服务到社会治理研究再到广州市社会组织联合会，焦杨的工作视野不断拓展，工作能力也不断进阶。这一过程中唯一不变的就是焦杨对民政工作的热心以及为社会发光发热的诚心。

回归社会学初心，深入广州家庭，建立有温度的城市连接

焦杨自1998年从四川的小山村考入中山大学社会学系，带着对广州的新鲜感与好奇心，开始了自己在广州的求学生活。由于一切都按照自己的计划在推进，焦杨在踌躇满志中对广州不由得多了一些喜爱。

大学四年的时光令焦杨感受到社会学的博大精深，但同时她也认为社会学是一门需要不断实践反思的学科，因此毕业之后的焦杨遵从自己的想法进入了企业发展。

央企、民营高科技公司、外企等各种不同类型的企业和岗位，焦杨都有过尝试，但是随着自己的生活重心逐渐向家庭方面转移，职业追求跟内心的理想目标之间存在越来越大的差距，再加上早年的专业学习焦杨心中种下的改善人与社会关系的想法，在企业工作了10年的焦杨最终决定“捡”回自己的老本行。

2012年，恰逢广州全面推行社会工作，那个时候社会工作也基本上有了职业定位。焦杨在得知广州成立了家庭综合服务中心这一基层社区服务平台之后，就坚定地加入到了社区服务的日常工作之中。但当时的焦杨对于怎么开展社会工作，怎么提供服务还都没有树立起一个明确的认知，因此她在开始服务之前接受了大量的相关培训。并在社会工作专业方向继续深造，获得硕士学位。

经过一番对比，焦杨发现企业是组织化的生存模式，而在社会工作服务机构，自己跟社区的关系更近了，为什么同样是一份工作，在社会组织中从业却会加深与社群的亲近感，为此焦杨还专门写过有关文章来表达自己的思考和想法。随着在社区工作时间的日益积累和与社区居民关系的日渐增进，焦杨对广州社区治理生态模式以及人与社区的互动关系有了更深的认识。

焦杨工作的家庭综合服务中心属于荔湾区昌华街道，作为广州的老城区，不仅是广州城市文化代表的典型区域，老年人也居多。尽管对于自己前往的这个街道充满了荣誉感，但是焦杨也深知自己面临找回本专业、社区本土化建设以及自身的再社会化三重挑战。

焦杨坦言自己在大学毕业之后围绕着企业和家庭生活，对于广州的认知和了解

还是比较粗浅的，虽然喜欢，但是在亲近感上总好像差了些什么。来到社区之后，通过深入地参与广州家庭生活帮扶的过程，焦杨不仅粤语学得快，更与当地人建立了有温度的互动关系，与广州这个城市的融合也更深入了一层，这让焦杨现在想来都觉得十分庆幸。

焦杨还记得一个夏天的清早，忽然下起了暴雨，一位独居老爷爷家中的积水已经涌到了床头，接到求助电话的焦杨立刻带着一帮社工跑到老爷爷家中，用水盆帮助他把水舀出去。仅仅是在一个关键节点上的帮助，老爷爷就感受到了安全感，并且对社工服务者充满了感激，这让焦杨倍感亲切，并且更加意识到了社会组织服务民生的重要作用。

大概两年的时间，焦杨就从最普通的一线社工晋升为荔湾区昌华街道家庭综合服务中心的副主任。焦杨还与其他社工一起摸索搭建了整个工作流程，包括怎么开展个案小组社区服务，与街道、社区内的其他组织进行良好的沟通等，这些做法最终帮助焦杨所在的家庭综合服务中心获得了全区的优秀等级。

最初的社工工作打开了焦杨对社会组织探索的热情，也让她真真正正地与广州实现了深度交融，彻底建立起对广州这个家的认同。

深化行业内认知，紧跟时代脉搏，奠基科学化发展路径

随着自己在家庭社会工作服务项目中的经验越来越丰富，焦杨发现社工做的工作都比较偏个体，要想真正满足特殊群体的需求，促进某个社会问题的解决，还是要进一步了解社会政策。带着这样的想法，焦杨转变了发展思路，进入了当时刚刚成立的广州市社会治理研究中心，渴望通过做研究，在更高的层面上理解社会政策发挥作用的机制。

在此之前，焦杨是进入社区的治理体系中开展具体的社工服务，但现在她的视野就拓展到社会组织。那个时候焦杨进行了大量的研究工作，具体参与到海珠区、天河区等好几个区域的社区治理项目评估工作，陆陆续续地了解了各个区社区治理以及社会组织的一些情况，同时对于社会工作在广州的本土化发展也有了更多新的

认识，焦杨逐渐从原来单一的服务视角转到资源整合的视角。

社会组织的发展自2015年开始进入一个比较快速的发展阶段，焦杨恰好在这一时期从事社会组织、社会治理的研究。2017年，焦杨又开始接触广州市社会组织公益创投活动的评估与绩效评价，渐渐跟社会组织这一块的关系越来越密切。到2018年初的时候，焦杨就正式成为广州市社会组织联合会秘书长，基于广州市社会组织联合会这一枢纽型的平台将社会组织资源更好地注入基层社区和行业所需。

焦杨这一路的行动轨迹都紧紧跟随着广州社会组织的发展机遇以及政策动向。通过参加“菁英计划”广州市社会组织高级人才培训班、广州市党外中青年骨干培训班等人才培养训练，焦杨得以在更高的站位上开展相关工作，丰富自己对广州社会组织发展模式与生态布局的体会和见解。

焦杨认为，一方面广州的社会组织对政府的依赖程度比较高，政社关系比较紧密，依托国家中心城市的地位以及粤港澳大湾区的战略，已经形成了一个比较稳健的发展格局。另一方面广州活跃的经济态势，多点开花的社会组织类型，也令广州的社会组织具备了发展的前提和能量，而且广州市社会组织联合会平台枢纽型的整体地位能够作为中间方，有效地分配、指导和监督项目执行以及资金运转的情况，将各类社会主体的优势整合起来。

尽管广州社会组织的生态体系还在不断优化过程中，但在整个社会组织的培育与孵化方面广州仍然具有先发优势，焦杨始终坚信广州社会组织的未来发展会取得更大的成就。焦杨就是这样一边把握社会组织大环境的发展机遇，一边科学地为自己规划发展路径。能够最终走在社会组织行业的前沿也就成了水到渠成的事情。

聚焦总书记指示，主抓重点工作，创造实打实的发展成果

焦杨目前的工作内容紧紧围绕着习近平总书记对民政工作提出的“三个聚焦”重要指示来展开：聚焦脱贫攻坚、聚焦特殊群体、聚焦群众关切。

在党和政府的号召下，焦杨自2018年就参与了组织策划公益项目以及对口的脱贫攻坚项目。2019年4—5月，两次前往贵州省毕节市二塘镇梅花小学，将梅花小

学破旧桌椅等教学设施进行改造。联合广州市家具行业协会、广州社联困境儿童关爱中心和爱心企业，在当年“六一”之前就将全校160套课桌椅、7个讲台、1个书架、12张教师靠背椅共计340件价值4.3万元的物资运抵梅花小学，马上投入使用。此外，四川甘孜州色达和理塘两县以及广东梅州市七朱村等对口扶贫项目，焦杨也都进行了跟进与推进。

对于特殊群体，广州市社会组织联合会主要针对困境儿童持续深入地推进了“成长道路　相伴童行”百名困境儿童结对帮扶项目、唯品会公益助学金、“相伴成长　童庆六一”等活动，新冠肺炎疫情期间更是创新启动了“2020蓄力助学包”“2020蓄力护童包”“2020蓄力开学包”项目，为困境儿童家庭提供了学习物资和保险等。

群众关切方面，焦杨主要牵头了人民南社区的治理项目，联合广州市海味干果行业商会、人民街道平安建设促进会，结合广州市社会组织联合会救灾委员会成员单位优势，开展了消防演练等巡防巡查的市场整治工作，收获了明显的治理效果。

受新冠肺炎疫情的影响，广州市社会组织联合会还充分发扬会员单位“一方有难，八方支援”的优良传统，号召社会组织捐资捐物，动员志愿者、社工服务机构进行社区防疫，联合广州市律师协会、广州市注册会计师协会、广州市人力资源服务协会、广州市纳税人协会和广州金融业协会等组织为企业提供免费的“定制服务”，通过线上、线下形式服务6000多家企业，助力行业复工复产。焦杨还代表广州市社会组织联合会与粤港澳大湾区的城市社会组织进行过多次交流。粤港澳大湾区城市民政部门联席会议、“康复国际亚太区会议”、湾区经济时代与基金会高质量发展等活动都有焦杨活跃的身影。另外，广州市社会组织联合会组织赴澳门的学习交流，促进广州本土社会组织与大湾区其他城市社会组织的合作发展。

无论从特色项目建设、人才培养，还是从对外交流方面而言，焦杨都出色地发挥了作为行业领头人的表率作用，并且在2019年被授予“广州市劳动模范”荣誉称号。谈及此，焦杨决心在今后的工作中切实弘扬劳模精神，更好地以“凝聚、服务、引领、共享”理念，与各会员单位一起携手同行，为决胜全面建设小康社会做出更坚实的努力与更大的贡献。

潮头问答

广州的社会氛围给社会组织带来了怎样的影响？

2019年就有一批来自高新科技产业、行业，包括生物医药、人工智能等尖端科技领域的社会组织加入广州市社会组织联合会，这有利于共治广州特色的营商环境以及城乡社区新面貌。

广州本来就是民营企业的聚集地，其营商环境一直在得到不断优化，大量的民营企业在这里能够得到非常大的支持。随着社会组织治理主体地位的明确，大量的基金会、各类社会组织、行业商会都有一个比较稳健的发展趋势，再加上粤港澳大湾区的地缘优势，广州商业发展的地位会越来越凸显，这也就意味着社会组织在国际交流、对外贸易、民生保障等方面的参与，都会迎来一个发展机遇。所以广州的社会组织应当把握住先发优势，站在融合发展的角度，推动城市群之间的交流、粤港澳与其他省份的融合、国内外优秀人才的聚集，以社会服务领域为着力点，加强粤港澳大湾区社会组织在城市老龄化与社区养老、外来人口融入、社区营造与治理以及其困难群体关爱等方面的合作。

你认为新的社会阶层人士应当发挥怎样的作用？

我现在还是从“两新”这个概念来理解，比如说民营企业和社会组织是新的社会阶层和组织形式，是贯彻落实党的全面领导的重要阵地。可能我们更多的是把一些管理层、中高层年轻骨干叫作新的社会阶层人士。我觉得对于我们这个群体的特征、特点、分类还是应该先做一个界定，并且对于这个群体能在什么渠道发挥自己的作用还值得去思考。在什么场合以及如何展现新的社会阶层人士的作用，这一点很重要，希望进一步构建新的社会阶层人士发挥作用的平台和机制。

你对于新联会的相关工作有着怎样的思考？

2018年夏天，我在广州市社会组织联合会的推荐下参与了市委统战部举办的党外中青年骨干、党外高级知识分子的学习培训班，系统地把我党的三大法宝中统一战线这部分内容进行了深入的了解，在更高的政治层面上明确了对统战工作的基本认识。2019年底，市委统战部和市社会组织管理局共同举办了社会组织负责人的培训班，经过这次培训，市委统战部认为单独成立社会组织分会的时机比较成熟了，我本人就在2018年下半年被聘为新联会秘书处的副秘书长，参与到广州市新的社会阶层人士联谊会的工作中。经过类似的好几次这样的培训和活动之后，我与更多的人就有了交流，对新联会的认识也更加深入了，加深了对这项事业的认识。

目前我们还是围绕新冠肺炎疫情做了一些事情，在新联会的平台上，与一些行业组织都加强了专业服务咨询。

作为社会组织领域的负责人，我能感觉到大家都干劲十足，但对于新联会的理念和宗旨，我们可能还需要进一步去消化，思考它跟社会组织发展的规律怎么结合在一起，各个分会之间该怎么进行资源的整合与合作交流。大家共同在新联会这个平台上，最好还是以新联会为核心，团结一批社会组织从业人员，设计合适的项目，整合资源。在党的领导下，展现社会组织领域新的社会阶层人士的新风貌。对于下一步如何开展各个分会的合作机制，互取所长，拓展一些工作内容，这方面我觉得还有发展空间。

（文/茉莉　图/司徒智瑞）

国家有一个平台来引导广泛的新的社会阶层人士更深入、更多角度地去关心社会，而队伍庞大的新的社会阶层人士也有一个渠道去表达，从而结合自身的独特优势，发挥作用，贡献社会。

蒋洪峰

蒋洪峰

顺应时代潮流，坚守注册会计师行业职责

蒋洪峰，广州市新的社会阶层人士联谊会常务副会长，广东省新的社会阶层人士联合会副会长，广东省注册会计师协会副会长，第十三届全国政协委员，广东正中珠江会计师事务所（特殊普通合伙）首席合伙人，广州市注册会计师协会会长，广东省粤港澳合作促进会副会长兼会计专业委员会主任，全国“五一劳动奖章”获得者，全国先进会计工作者，广东省第三届优秀中国特色社会主义事业建设者。

低调、朴素、卓越，蒋洪峰以专业知识为立足点，在30多年的职业生涯中，一直将自己所累积的经验付诸会计行业，他以自己的职业精神带领着广东正中珠江会计师事务所（以下简称“正中珠江”），慢慢发展成为华南地区乃至全国颇具影响力的本土大型会计师事务所。同时，他还积极参与行业建设，在制定行业发展规划、建立健全议事规则、重视诚信自律建设、创新会员服务管理等贡献力量。

作为全国政协委员，他坚持以服务国家建设为主题，以诚信建设为主线，先后提出了《关于应对美国税改可能冲击我国经济的提案》《优化高新技术企业认定标准助力创新驱动发展战略——关于进一步完善国家高新技术企业认定管理的提案》《关于建议设立粤港澳大湾区服务企业“走出去”总部的提案》《关于将税务师可以成为律师事务所合伙人写入律师法的提案》《关于完善非法集资案件处置跨省协调机制的提案》《关于转移支付资金分配按常住人口计算促进基本公共服务常住人口全覆盖的提案》《关于设立广州国家会计学院助力粤港澳大湾区高质量发展的提案》等。

顺应国家发展潮流，立足专业，深耕广州

回顾蒋洪峰和正中珠江的成长历程，可以从中看到改革开放进程的缩影。蒋洪峰1987年毕业后，工作地点从广州到香港，再辗转到深圳，然后重新回到广州，并一直持续到了现在。

“那时并没有想得太多，来广州是因为考到了这里的学校，”回忆起在中山大学的求学历程，蒋洪峰感慨道，“还记得当时天河周边有很多农田，天河立交刚刚建成的时候，我们几个同学下课后就骑着单车去那里拍照呢。”

在蒋洪峰看来，这么多年，广州发展得很快，氛围也一直很好。“从我上学到现在，就一直很喜欢广州。它给人一种家的亲切感和归属感。毕业后，我被分配到省财政厅下设的会计师事务所工作。”在当时的社会背景下，蒋洪峰和他的同学们对于在哪里工作，并没有太多想法，“就是到国家有需要的地方去”。

20世纪90年代，随着市场经济的逐渐发展，政策上的不断探索，“脱钩改制”应时而生，会计师事务所作为专业服务机构也从体制内脱钩。这时，他们才真正面临了“往哪里走”的难题，“当时迷茫过，会计专业服务这个行业，本身就是资本市场的一部分，当外资进入中国，市场一下子变得复杂了起来，出现了很多新的实务问题，这要求我们必须与时俱进”。

正中珠江至今已有30多年的发展历史，前身是1981年成立的华南地区首家会计师事务所。在国家经济蓬勃发展的几十年间，正中珠江一直立足在改革开放的前沿阵地——广州，在经历合并、脱钩改制、做大做强等考验后，目前正中珠江已经成为广东最具实力和最具影响力的本土会计师事务所。蒋洪峰陪伴了事务所的发展，事务所也见证了他从一名普通的审计员到首席合伙人的成长历程。

在工作中，蒋洪峰坚持聚焦党和政府的中心工作。正中珠江是广东会计师事务所行业的先行者，为广东经济社会发展做出了应有的贡献，同时，在党团建设、社会责任、统战工作等方面也发挥了积极作用。正中珠江以党建工作融合注册会计师执业，促进事务所持续发展和品牌建设，而这些都与蒋洪峰的支持密不可分。

作为无党派人士，蒋洪峰一直通过自身的努力与行动，支持事务所党建工作做

深做透，使其切实成为事务所向心力的黏合剂、品牌塑造的坚实保证。他经常对同事说：“我们所做的服务工作本身是围绕党的路线展开的，无论我们在做什么，都是在党的领导下进行的，我们需要了解党的政策，切实做好党建工作。”正中珠江还设立了独立的党团活动室，为党组织开展活动提供便利。正中珠江党总支部还多次被广州市财政局党委，省、市注册会计师协会行业党委评选为“先进党总支部”，并于2017年6月底升级成立基层党委。

注重人才培养，加强国际接轨

“人合、事合、心合、志合”，蒋洪峰表示，人才是事务所发展的不竭动力。目前，事务所团队不断扩大，业务有所增长，品牌不断扩展，地位得到巩固，这些都是合伙人团队以及所有员工用自己的能力和努力换来的漂亮成绩。

正中珠江注重高层次青年人才的引进和培养。目前，事务所拥有一批既有专业知识，又有实践经验的会计、审计、税务、金融、管理、法律、评估、计算机和工程技术等专业青年人才，在证券业务和税务咨询方面核心优势明显，吸引了大批优秀人才的加入。蒋洪峰坚持“以人为本”的理念，将员工个人价值与事务所发展相结合，想员工所想，急员工所急，大大增强了员工的归属感。

蒋洪峰说，全体正中人都有一种勇于开拓、敢于挑战、积极进取、不断创新的精神特质。作出与国际接轨等一系列决策，正是基于此。“加入国际网络是会计师事务所开展国际合作和实现国际化发展的重要途径，既有助于正中珠江加强国际交流，有效利用国际资源，学习境外先进的执业经验，也有利于事务所的品牌建设，是一个互惠多赢的合作。”蒋洪峰说道，“加入国际网络，与境外执业组织交流是推进事务所国际化、培养拥有国际视野人才的有效方式。”

值得一提的是，2016年正中珠江以中国独立成员所的身份正式加入国际会计网络浩信国际（HLB International），标志着正中珠江迈出“走出去”的重要一步。浩信国际（HLB International）成立于1969年，其成员遍布130多个国家和地区，2019年国际会计公告IAB排名全球第12位。蒋洪峰介绍，加入浩信国际后，正中珠江不但可为HLB全球客户到中国拓展业务提供审计、会计、税务、咨询等专业服务，同时也可以为“走出去”的中国企业到世界各地投资和发展提供全球专业服务平台和服务网络。“这样可以实现事务所服务层次的提升和扩展，为客户提供更全面、维度更丰富的专业服务，对于我们事务所和整个行业来讲，都是一个进步。”

积极回馈社会，承担社会责任

蒋洪峰一直以“回报社会，热心公益”为己任，积极组织事务所多次参与抗震救灾、关爱智障儿童、资助流浪儿童、关怀白内障患者等活动并募捐，他自己也慷慨解囊，通过多种方式扶孤助学。

在他看来，企业创造带来的财富，不仅是个人事业的成功，更是全体员工的支持和社会的支持。只有员工和企业幸福了，社会幸福了，个人才会真正幸福。因此，在事务所发展壮大的同时，蒋洪峰不但为行业发展提供鼓励与支持，还身体力行地回馈社会。在2016年3月召开的广州市党外知识分子工作座谈会上，蒋洪峰呼吁加强注册会计师行业发展规划和政策支持，充分发挥注册会计师的专业特长，为广州经济社会发展做出更大贡献。他本人曾参加广东省委组织的教育讲师团到粤西偏远山区中学支教一年，受到当地组织部门及学校的一致好评。作为中山大学管理学院的职业导师——蒋洪峰热心为学子们提供职业发展建议，并且提供了大量的实习和就业机会，成为中山大学“感动中大”的校友人物。

“两会”期间，蒋洪峰依托专业，将目光放在社会发展层面，聚焦高质量发展。如建议推动专业服务助力大湾区经济高质量发展与“一带一路”高起点合作，深化落实CEPA（即“内地与港澳关于建立更紧密经贸关系的安排”）对港澳服务业开放措施，满足大湾区高端会计与管理服务人才需求，助力港澳青年融入国家发展大局等。

作为一名深耕行业30多年的专业会计师，你认为注册会计师行业发展状况如何？

目前广州市已有上市公司近150家，资本市场非常活跃。广州地区的注册会计师行业发展非常迅速。广州地区从第一家会计师事务所成立，到现在已经有200多家。目前广州地区的执业注册会计师（简称“执业注师”）超过3000人，行业从业人员1万多人。会计师对服务经济社会发展的贡献不断扩大，广州市区会计师事务所服务的客户数量超过5.2万户，客户的资产总额合计近19万亿元,年营业收入合计近5万亿元。

你认为注册会计师行业如何更好地参与广州经济社会发展？

注册会计师行业一是要坚持以服务国家为主题，发挥专业服务的作用；二是要进一步提高职业化水平，树立正确的职业价值观、职业道德和职业态度；三是要牢固树立诚信意识，不断加强质量控制和风险管理；四是要创新完善人才培养体系，建设一支讲诚信、有能力、敢担当的专业队伍，不断创新实践理论知识，与时俱进。

你认为新联会存在与发展的意义是什么？

我很早就加入了广州市党外知识分子联谊会，2016年广州市新联会成立时，我是第一批成员。新联会的存在十分必要，新的社会阶层人士有了自己的家，对于凝聚广州市新的社会阶层人士思想共识，贡献智慧和力量，弘扬正能量发挥着积极作用。通过这一平台，可以引导广泛的新的社会阶层人士更深入、更多角度地去关心社会，更好地结合自身独特优势，发挥作用，贡献社会。在上下声音贯彻交流中，政府也可以了解到不同行业、不同群体的需求。

（文/梁紫桐）

高山不会因为大江大河的存在而嫉妒。新联会因为它的包容与厚重，成为新的社会阶层人士的寄托。

金城

与广州这座城市一起做中国动漫产业的“幕后推手”

金城，广州市新的社会阶层人士联谊会副会长，著名画家，中国美术家协会理事，中国美术家协会动漫艺委会副主任。担任广州市文联副主席，广东省动漫艺术家协会主席，兼任教育部本科高校动画、数字媒体专业教指委副主任，曾担任全国“五个一工程”奖评委，第三届中国美术奖评委。目前居住广州，曾在北京创办《漫友》杂志、中国动漫金龙奖。

金城对自己作了这样一段总结：当年放弃高考，成为一个没有职业的自由创作人，小小疯狂；20世纪80年代创办漫画公司，被认为痴人说梦，无知的疯狂；1997年创办漫友公司，1998年推出漫友半月刊，无畏的疯狂；2004年个人出资百万，在北京创办金龙奖，认真的疯狂；2015年开设JC动漫馆，投入收藏的资金也接近9位数，疯狂到足以“倾家荡产”。

三次创业，从创作者到行业推动者

早在20世纪80年代，金城就创作了大量的连环画，他的画风不断求新求变。连环画《明姑娘》是金城早期最经典的作品，讲述先天失明的姑娘叶明明陪伴后天失明的大学生赵灿勇敢面对生活的故事。金城的笔下总有着人物细腻的内心世界，线条至情至性，作品生动灵性，很是特别。

到了80年代后期，电视机普及，连环画滞销，在这样的环境下，金城放下画笔，到珠海特区报社做了美术编辑。当时香港玉郎机构形成产业规模，黄玉郎漫画发行到全世界，金城受到很大的启发，说道："当时没有一个整体的氛围，我觉得推动动漫产业这件事一定要有人来承担，应该有人不计得失去做这些事情。"金城在1987年辞掉珠海的工作，回到老家黑龙江哈尔滨创办漫画公司，不过第一次的尝试失败了，对于那个年代来说，动漫公司过于超前。1992年金城重新创业，经历了第二次失败。两次失败没有让金城放弃，他坚信动漫行业需要一个有推动力量的公司，于是静静地等待时机。1997年，日本动画开始出现在中国的电视台，人们开始追逐日本漫画，金城希望把中国原创漫画带给读者，于是在北京创办了漫友文化，有了今天陪伴新一代漫画爱好者长大的《漫友》杂志。

金城从一个创作者转变成为一个行业的推动者，是由于"想富先修路"这样一个质朴的理念，"我要办好我自己的公司，但中国的动漫行业要有一个高速路，没有高速路，你自己的货怎么卖到全国、卖到世界"。金城希望不只是发展一家公司，而是要发展一个产业，抚育一大批作者，而这些年他认为最大的收获，就是看着一大批年轻创作者的涌现和成长。

今天在漫画作者群体中仍有一句笑谈：中国的漫画作者有两种，一种是已经跟《漫友》签约的漫画家，还有一种是想跟《漫友》签约的漫画家。在整个中国漫画萌芽发展的阶段，《漫友》起到了举足轻重的作用。

金城本身是一个资深创作者，但同时又是行业的推动者，金城笑说自己是双子座，可以两种身份随时转换，平衡两者。

他坦言自己仍旧"每天挣扎，每天纠结，你必须要学会能够在每天不断地梳理，在梳理中保持一个清晰的思路”。

建设动漫之都，广州大有机遇

金龙奖是金城和广州之间的一座桥梁。2004年，金城在北京创办金龙奖，三年后，金城和金龙奖一同落户广州，漫友文化随金城而至，金城的动漫事业就这样开始在广州安营扎寨。

中国美术家协会理论委员会副主任梁江说：“金城从连环画转向动漫，也只有广州才能给予他这个变革的平台，他很敏感地把握到了卡通一代，那时候从日本进来的漫画可以说影响了一代人，但只有广东能给他提供这样的土壤，如果他不来到南粤，没有广州的天时地利，不可能造就现在的金城。”

金城说，广州人比较接地气，动漫存在于人们生活当中，大学校园的动漫社团蔚然成风。动漫市集、动漫展会、动漫地摊都是广州领风气之先，然后才传到北京、上海。广东在动画方面有“熊出没”“喜羊羊”这些优秀品牌，漫画方面有知名的漫画家夏达、本杰明、聂峻在广州签约出版。经过多年发展，广州有了原创动漫、衍生产品开发、IP授权、影视化改编等完整的产业链，动漫文化创意产业已经进入全国前三名。但进一步地说，金城还希望广州能有一个动漫的综合体，既可以放电影，又可以娱乐体验，有像JC这样的动漫收藏馆，给这个行业做参照，也有做产业研发的空间。今天广州的艺术博物设立的廖冰兄专馆，动漫新城里边有一些动漫小店，但金城仍觉得动漫的实体空间还可以更多。

金城曾在2019年广东省十三届人大二次会议上倡议创办粤港澳大湾区动漫博物馆。国家在《十三五文化产业发展规划》中曾提出，要把广州打造成动漫之都，为了这个目标，金城做了不少推动，包括创办JC动漫馆，在广州成立中国国际漫画节。金城还曾介绍漫画大师敖幼祥到广州，《乌龙院》落地广州后，敖幼祥在此组织人员创作，其创作的作品在中国漫画市场畅销了十年。金城作为动漫行业协会的会长，包括担任动漫艺术家协会的主席，所做的一切，都是希望能够给广州营造一个良好的艺术氛围，为广州引进更多的人才。

中外巡展，用智慧进行艺术交流

2006年金龙奖落户广州后，金城开始多次带着中国动漫出国展览，步伐遍及法国、瑞士、俄罗斯、阿尔及利亚、韩国、日本等地。“我是觉得国际交流非常重要，它能让我们把作品推广到世界，让别人看得到我们作品的价值。”

2019年在日本举办的展览《从水墨中来——中国动漫日本行》，金城和漫画家小林一起做策展人，在日本进行了三场巡展，当时带去的水墨动画如《山水情》《牧笛》等经典作品，在日本引起了轰动。其实早在20世纪60年代，《大闹天宫》就曾作为世界上第二部动画长片影响了日本动漫的产业发展。

金城说：“这些交流非常重要，既能让外界看见中国动漫的厉害之处，也能让中国漫画反省自身的不足。如今我们的动漫在讲故事方面比起日本和美国仍有距离，所以我们未来还是任重道远，不能松劲。”

金城曾多次带着中国的作品出去交流，说起交流时难忘的故事，金城如数家珍。2015年参加世界漫画之都法国昂古莱姆市的国际漫画节，法国媒体出现过一股“黄祸风潮”，法国人用漫画讽刺中国人在法国的丑态。

金城同样以漫画回应法国人，他就此组织了一个专题展览，把中国人骨子里的美德画出来，告诉外国人关于中国的现状，同时对法国人的生活现状也给予了辛辣的讽刺。法国人知晓后找上门来，希望借中国回应“黄祸”的漫画作品展出。

昂古莱姆是一个很小的城市，金城很痛快地带作品去法国人的展厅。一路上记者们围着拍摄，他们以为这一次中国人要跟法国人“约架”，殊不知这么快就和好了。双方都用智慧进行了一个非常好的艺术交流。2015年金城获得昂古莱姆市市长颁发的“法国昂古莱姆市荣誉市民”证书。

说起对世界动漫的偏好，金城说：“日本能够低成本做出大的发行量，美国是比较单一的超级英雄，但是私人来说，我最喜欢的是欧洲，我很喜欢欧洲漫画的多元，没有固定的模式。欧洲漫画就不是这样的模式化，他们每一部作品都有自身特色，比较人性化。”

作为个人，金城对动漫有自己的偏爱，他的微信头像就是丁丁历险记。但是作为金龙奖的评审，金城要求自身不能带有明显的偏见，视野要开阔起来，尽量避免出现极端的喜欢或极端的排斥等情绪。

浮躁的时代，希望JC动漫馆成为创作者的精神家园

穿过广州淘金路的旧街道，走进一片居民楼，跟随一个别致的路标，右拐进去，就是用“足以倾家荡产的疯狂”建成的JC动漫馆。

这一方小天地收藏着世界各地不同时代的漫画手稿，三毛流浪记、黑猫警长、孙悟空、哪吒闹海、老夫子、火影忍者、丁丁、迪士尼、宫崎骏……每一个都是熟悉的元素，充满温度，能让人一下子靠近创作者的心灵，这里有满眼的时代。

2015年，《天空之城》的画稿被金城以2050万日元的天价拍得。金城竭诚收集原稿，希望JC动漫馆能成为创作者的一个精神家园。这些珍贵的原稿需要一个彰显它们价值的地方，中外漫画史上得到承认的作品原稿被精心系统地收藏、陈列，JC动漫馆里满是动漫史上那些耀眼名字的真迹。

21世纪初创办《漫友》的时候，金城最大的困境是国内的消费者不认同原创漫画。如今的漫画已不再以纸上出版为主，置身于互联网平台上发展的漫画，目前所面临的问题是艺术水平偏低。

金城感叹：“现在好像是一个吃快餐的时代，所有的机构都在快速催生漫画。人们习惯了高效率的漫画，就会忽略漫画人文价值的开发。”

“新一代的漫画家夏达能创作出《子不语》《长歌行》，是因为她不管这个时代怎么躁动，始终都能做到岿然不动，保持自己的水准。她能做成中国漫画的大姐大，其实也是努力得来的。”金城希望动漫行业的创作者，都能沉淀下来，安心创作，不要被外界打乱自己的节奏。

为了改变这种浮躁的局面，金城积极推动艺术展的遴选。“艺术水平是前提，其后才是产业。我推动这些展会，是希望大家都认识到，如果作品没有艺术价值，商业价值是走不远的。”

重拾画笔，对爱情始终存在一种向往

金城一直注重对爱情题材的捕捉。20世纪90年代之后，金城就很少再画画了，但中间挣扎过无数次。2014年金城重提画笔，继《明姑娘》之后创作了第二段爱情故事——《我的人间四月天》，再现林徽因和梁思成的感情。2018年，金城创作了《马克思和燕妮》，在金城的心中，他们两个人的爱情是跨越永恒的，和马克思的思想一样可以成为一段经典。

在接受珠江频道的采访时，金城曾坦诚地说："可能是我比较渴望爱情吧，我对爱情方面是有欠缺的。所以我对爱情始终存在一种向往，也许正是因为这种向往，渴望而得不到，我就通过我的画笔画出来了。"

《我的人间四月天》先后入选第十一、第十二届全国美展，在法国、比利时、瑞士、奥地利等十余国展出。创作的成功让金城欣慰："就像是过去小时候骑自行车，中间几十年没骑自行车，随便找一辆还能骑的感觉。"

20年间始终在做国内外的动漫交流，金城一直都在参与作品的筛选，研究作品的出版，他的审美、眼光和境界在无形中都得到了滋养。"提笔这几年，2014年到现在，周围的朋友们会评论，我如今的作品比起过去有一个质的飞跃，不是说熟练了多少，而是对作品当中角色的拿捏、人物的塑造等等，比过去有超越。常言说拳不离手，曲不离口，画画也是一样。但是我的这种'扔掉'还比较特殊，因为我毕竟始终是在指导别人创作，自己虽然没有动笔，但意识没有停顿，这个非常重要。"

金城善于画女性，2020年开始他对猫有了和对女性一样的喜爱和欣赏，不仅开始养猫，也开始画猫，还干脆把女性和猫画在一起。在新冠肺炎疫情居家的50多天里，金城安心画画，整理照片，回忆过往，灵感一发而不可收，诞生了极简少女系列《馆花》，希望借此返璞归真，表达对这个时间段的凝视和探寻，把过去庞大的叙事，复杂的笔触，变为简洁且具有设计符号感的画面。极简少女系列这部诞生在疫情期间的作品于同年8月在广州图书馆展出，同时展出的还有金城收藏的日本吉卜力、美国迪士尼、欧洲漫画大本营比利时的多部全球顶级动漫名作。

作为广州市新联会的一员，你有什么感受？

闯荡半辈子终于找到了自己的组织，这个群体很有特色，未来开展活动也很有想象空间。

身在新联会组织中，你对未来的工作有哪些愿景？

新联会倾力打造的“羊城新动力”系列品牌包括“羊城e家”“华南资享慧”“自雇自足”等都取得了良好的社会效应，被中央统战部确定为重点项目。“羊城新工坊”为“羊城新动力”增添了新成员，为自由职业人员搭建了一个交流经验、联谊交友、互通资讯、共享共赢的平台，希望今后努力提升新联会的知名度，扩大其影响力，进一步擦亮“羊城新动力”特色品牌。

你对新联会有什么寄语？

高山不会因为大江大河的存在而嫉妒。新联会因为它的包容与厚重，成为新的社会阶层人士的寄托，我相信新联会的未来会更加精彩。我相信新联会以其强大的魅力，会吸引来越来越多的优秀人才，新联会将更加朝气磅礴，成就明天的辉煌。

（文/余晓璐）

一定要有担当和沉淀以及更大的格局。

陈浩

凯西

在正能量的道路上乐此不疲地走下去

凯西，本名陈浩，广州市新的社会阶层人士联谊会网络直播行业分会副会长，YY金牌艺人，作为首个登上海军战舰直播的网红主播，开创了网络主播进军营的先河，直播足迹遍布海陆空各军种。现公益直播主题涉及军营、扶贫、非遗等多个领域。

凯西曾参演《面具下的阴谋》《威龙行动》等多部电影以及《阿拉善英雄会》《鲸鱼旅行排行榜（埃及篇）》等多档节目的录制；2017年赴法国参与YY金牌艺人游学计划；2018年获得YY阳光主播奖。

凯西是一个对自己特别狠的"拼命三娘"，连续两年每天6个小时的超长直播令她成为YY平台当之无愧的"第一跳舞主播"。自转型正能量主播以来，她成为传播社会正能量的快乐使者。

2020年，凯西在广州市番禺区成立了自己的公司，不仅是为了让自己儿时的梦想落地，更是为了担当起自己身上更大的责任与使命。其实，凯西个人的成长故事更是充满了正能量。

无心插柳种下主播事业，恰逢机遇把握转型契机

从北京舞蹈学院毕业的凯西原本做的是编导和微商，在朋友的强烈推荐下，抱着扩大客流量的心态，凯西才下载YY进行了面试。顺利通过三轮考核之后，凯西发现自己进入的并不是招聘主播的入口，而是招聘艺人的入口。封闭式训练等要求让向来对合约十分谨慎的凯西很是抗拒，加上微商在当时已经让她有不错的收入，凯西并没有签下那份合约。

但在面试方负责人的赏识下，凯西被推荐到了一个公会，并且被告知可以做主播。这个提议与朋友之前描述的工作内容得到了匹配，凯西这才开启了自己的直播生涯。在北京远程直播了3个月之后，公司的力捧，频繁的出差，以及对比之下广州相对适宜的生活环境，都促使凯西最终选择来到广州发展自己的事业。

懵懵懂懂进入直播行业的凯西卖力工作，在平台严苛的直播条件下每天坚持跳舞6个小时，累了就在跟粉丝聊天、唱歌的过程中休息，然后再接着跳，一直循环。对于凯西而言，体力上的疲惫只是其中的一个方面，因为原本学习民族舞的她还要额外多花时间学习流行的日韩热舞去配合平台的要求。连续两年高强度的工作终于让凯西不堪重负，一次连续一周的高烧不退让凯西意识到身体出现了问题，直到去医院，她才发现自己的腰早就存在了一些先天性的毛病，一周下不来床的伤痛经历使凯西逐渐向唱歌直播转型。

凭借着自己的韧劲以及坚持不懈的努力，凯西获得了YY直播“第一跳舞主播”的美誉，收获了百万级粉丝的喜爱。但是自受伤之后，凯西也会思考自己未来转型的方向，她带过货也开过线上的公司，就是没想到自己有朝一日会成为一名“正能量主播”。

2018年“网络名人进军营”的活动在全国声势浩大，国家开放了部分军营，鼓励并发动全国的媒体记者和知名人士进入军营揭秘军旅生活，用新潮的网络形式让全民共享国防建设的成果。当时网络环境的监管已经比较严格，YY平台在内容的生产上也希望向正能量的方向转型，需要一批主播站出来引导粉丝转变思维。凯西就是在这个时候收到了平台的邀约，带着儿时的巾帼梦欣然踏上了公益直播的征程。

介绍先进的武器装备，参观驾驶舱，体验军事演习现场……凯西的足迹从海军战舰开始，遍布全国陆海空多个军种。说起走进军营的体会，凯西表示自己曾多次流下感性的泪水。最让凯西印象深刻的是，某武警部队的带队指挥官的眼睛在演习的时候被炸药的碎片所伤，流了很多血，但他却一直坚守在岗位上直至演习结束。尽管凯西已经亲身经历了太多这样的场景，但无论什么时候，她都对军队里的热血豪情充满了敬佩。“我们现在的岁月静好，都是有人在背后负重前行。”这么多场直播下来，凯西不仅对军人群体有了更深刻的认识，对“国”的概念也有了更为明确的理解。

军营直播收获的热烈响应打开了凯西新的直播道路，在这之后，凯西参与了更多宣扬正能量的直播活动。除了以军事为主题的“战鼓阵阵”系列节目，“网络名人进军营” 活动、“看美丽乡村，庆改革开放”、“相约静美佛坪，助力脱贫攻坚”、“传承非遗文化”等大型主题直播活动也都出现了凯西的身影。青春甜美的外表形象，活泼开朗的直播风格，亲和舒爽的表现能力，能打敢拼的性格特点，这些都让凯西备受观众喜爱。

从普通直播到转型为“正能量直播”，转变思维是一个十分艰巨的过程，凯西也为此损失了一些粉丝和收入，但是能够扭转外界对于女主播的不良印象，在公益直播现场留下的宝贵记忆，收获认可与肯定，这些都让她觉得自己付出的努力是值得的。

泥沼挣扎绽放濯濯青莲，千锤百炼实现华丽蜕变

凯西不仅传播社会主流价值，源源不断地输送积极昂扬的社会能量，她本人更是一个火热的小太阳，在日常生活的点点滴滴中为自己的理想而拼搏。凯西坦言，自己的成长环境其实充满了波折与艰辛，完全没有安全感。自己做出“正能量直播”的转型抉择，除了与自己坎坷的经历有关，还受到了外公的深远影响。

凯西的父母在她很小的时候便离异，8岁之前，凯西都是跟着外公外婆生活的。很难想象看起来如此乐观积极的凯西，童年的关键词却是孤独、无助与冷眼一

年只能见母亲一次的凯西原本想在母亲改嫁后重新培养母女亲情，但新生儿的到来再次让她成组合家庭的边缘人。初三下学期，凯西因为受同学而欺负打架遭到学校的开除，母亲虽然为了她百般求情，但毫不留情的训斥与误解还是让凯西感到无比心寒，叛逆的心理加上长年累积的矛盾，年仅14岁的凯西在辍学当天就选择了离家出走，只身一人在贵州做起了服务生的工作。

通过端茶倒水与站岗，凯西顽强地生存了下来，在包吃包住的情况下还拿到了不少的工资。其间凯西的母亲很着急，不仅报了警，还常常给凯西发送短信，但倔强的凯西从未予以回复。直到一个多月后母亲告知凯西外公身患胰腺癌，已经时日不多，凯西对外公放心不下，带着打工赚来的几千元收入回到了家乡。

“我不追星，不崇拜偶像，心目中只有一个英雄，那就是外公。”凯西说起外公的时候几度哽咽，眼里也闪烁着明亮的“星星”。如此坚强的凯西在提到外公的时候禁不住激动，尘封的往事已经成了她不忍触碰的伤痛，但这伤痛也推动了她在这个世界的燃烧与绽放。

外公之所以能将凯西召唤回家，不仅是因为外公一手带大了凯西，对凯西有种特别的洞察和关注，还因为外公作为老师、校长和医生，亲手救治了很多人，声名远扬。凯西还记得外公专门收留了一个全身严重烫伤的人，住在家里为他治疗两个月，只收了很少的费用。凯西觉得外公在很多个不经意的瞬间都在她小小的心里埋下了正能量的种子。

带着对外公特有的感情与牵挂，返乡之后凯西看到外公已是骨瘦如柴又浑身肿胀，她异常心疼又生气，心疼的是外公经受了这么大的痛苦，生气的是家人之间的不和谐。那段时间里，凯西悉心的照料与看护外公，但外公还是没能撑过3个月。

凯西郑重地表示，即便是在临近生命的最后一刻，外公都不肯当着她的面离去，一直守在外公身旁的时候他都还在坚持着，在她转身去喝水的那一刻，外公才永远地离开了她。没有任何感受能比此时更加深刻，外公去世的这一场景永远烙印在了凯西的心上，凯西深深地知道，直到最后一刻，外公都不肯将负能量的东西带给她。

凯西对外公的感激不止于此，她最终能够如愿以偿学习舞蹈，也是因为外公对凯西留下的遗言，要求她别再外出做事，更要求凯西的母亲支持她的梦想，让她学一门喜欢的专业。凯西的母亲做出妥协和让步，送凯西去学幼师。

无论如何，凯西得到了学习舞蹈的机会，她非常珍惜并且异常刻苦地练习。学校舞蹈老师出身专业院校，非常欣赏凯西，在老师的推荐下，凯西在其他地方挂读了一年多的时间，17岁就被推送到北京舞蹈学院学习编导，这也为她后来做舞蹈直播时超强的舞蹈编排能力打下了基础。

直播行业的残酷无须多言，一百个人里能有一两个人成功就已经不错了，但对于经过了千锤百炼的凯西而言，什么都不能将她打倒。无论是舞蹈直播还是“正能量直播”，凯西从自己坎坷的经历中收获的同理心以及超越常人的坚韧，都让她成为如今不可取代的自己。

“拼命三娘”勇担社会责任，直面自我开创光明未来

初来广州的那个“拼命三娘”凯西，始终拼搏在直播的前线没有改变过。不同的是，过去的凯西没有足够的条件去做自己想做的事情，但现在的凯西已经拥有了丰富的积淀和充足的底气，在做自己的同时能承担起更大的社会责任。

最近凯西的公司刚刚运转起来了，她不仅想做自己的品牌，还想将近年来积累的公益资源整合起来，亲自去做一些项目，甚至让粉丝参与进来，去帮助贫困地区的人做直播从而脱贫。这样不仅可以将赚到的钱直接用于公益，也能在更大的层面上发挥自己的价值。

事实上，凯西接触到的第一个“正能量直播”就是扶贫——传播别人的先进事迹。凯西坦言，自己平时就会留意一些公益项目，但真正通过做直播帮助到别人的时候，实现自我价值的感觉还是要更强烈一些。当初做公益直播的凯西并没有想过自己会开公司，但现在为了实现更大的目标，她在对未来充满期待的同时也感到了很大的压力。

对于公司的成立，凯西不仅在选址、环境装修、商标设计、招聘人选上投入了非凡的心血，亲力亲为，还对自己提出了更高的要求。作为老板，凯西认为自己不

仅需要打造更具影响力的IP，还需要掌握更多的商业知识。

通过创立公司，凯西还渴望实现自己由来已久的、成为服装设计师的梦想。因为来到广州之后，凯西发现这里服装资源很丰富，而现在自己也有了更大的能力和条件去做想做的事情，应该充分利用资源去实现。除了服装资源的便利性，凯西还想将国潮、传统工艺等元素融入她的服装设计中，并结合一些地方故事去呈现服装的独特韵味。

如今，凯西仍然每天坚持2小时左右的直播，直播气氛好的时候她甚至会将时间延长到4小时。贫困山区的公益直播以及部队直播，凯西也在坚持做，即便是在公司创业最需要人力和心力的初始阶段，凯西依然把“正能量直播”放在首位，只要有活动需要她出席的，哪怕再忙她也会挤时间去参与。

总之，凯西还会乐此不疲地行走在“正能量直播”的道路上，通过创业追求更大的社会价值，扛起更多的社会责任，成为理想中的那个自己。

2014 年第一次来到广州，现在又在广州开始创业，你认为广州的创业环境怎么样？

广州这边文化氛围和创业环境都挺好的，我出去做“正能量直播”的时候有看到很多特别的传统工艺，所以我自己做服装设计时就很想把这些国潮的元素、传统工艺的元素加入进来。广州是全国的服装集散地，对我的创业也有帮助。

你是怎么进入新联会的，怎么看待新的社会阶层人士这个群体？

我是在2018年获得YY阳光主播奖以后加入的新联会，得到那个奖之后我就获得了一些关注，参加了很多会议和采访，之后很多宣扬正能量的活动我也都有参与。

我觉得新的社会阶层人士不仅是要跟上这个时代，跟上所有人的进度思维，还要勇敢地站出来，把自己打造成标杆，做好表率。最后就是要有担当、有沉淀，格局也要更大一些，去承担更多的社会责任。

你认为新联会发挥了什么作用？

新联会能把所有跟我一样喜欢做公益的人聚在一起，大家在这里可以得到进一步的交流。令我印象最深的事情就是作为新联会网络直播行业分会副会长参加了中央统战部组织召开的座谈会。

我觉得人们不一定知道新的社会阶层人士是指什么样的人，如果我没有做公益直播，我就不知道部队还可以直播，通过直播进入部队后，我又做了美丽乡村扶贫直播，我也是通过做“正能量直播”了解到以前很多不知道的事情的。所以我希望新联会可以吸纳更多的人进来，加强互动和交流。

（文/茉莉）

有一些快乐是需要用很漫长的过程才能换来的。

李逸飞

勇担文创领域的领跑者，创业是一场漫长的马拉松

李逸飞，广州市新的社会阶层人士联谊会游戏行业分会副会长，三七互娱网络科技集团股份有限公司创始人、董事长、总经理，中国互联网协会常务理事，中国文化娱乐行业协会游戏分会副会长，广东高科技产业商会副会长，广东省游戏产业协会副会长，科普游戏联盟副理事长，广东省游心公益基金会主席。

生于四川，毕业于四川大学管理系，并获得长江商学院EMBA，正在攻读长江商学院DBA（工商管理博士）。先后荣获“中国商业最具创意人物100”“全国优秀诚信企业家”“中国互联网创新先锋人物”“中国50位商业先锋”“年度最具社会责任领导力人物奖”“最佳上市公司总裁奖”“年度最具社会责任人物奖”等称号。

三七互娱公司大厦随处可见马拉松文化，源于三位创始人都常年坚持跑马拉松，公司历程展示厅的道路也是一条长长的跑道，公司还设有专门的跑步机健身房鼓励员工跑步……李逸飞接受采访时仍身着马拉松运动服，谈及广州最喜欢的地方，他不假思索地回答是生物岛，因为有美丽的绿道可以跑步。

这两年广州市对运动、健康方面越来越重视，跑道随处可见。李逸飞家住珠江新城，他看着临江大道跑道越修越长，持续往东修，如果修到他家这边8千米就可以直接跑步回家。广州提出要在住宅区旁边修建绿道，为此，他很欣赏广州的绿道文化。而广州这座城市的创业环境带给李逸飞的，也如同越修越长的绿道，让三七互娱可以自由驰骋，不断向更大、更广的文化创意产业迈进。

结缘马拉松，有付出才有回报

跑马拉松给李逸飞的人生带来了很大改变。2012年，李逸飞创业扛着很大的压力，从早到晚坐在电脑前工作或开会，极少运动，体重飞增。在体检后，李逸飞发现肥胖带来的健康问题，于是下定决心运动。游泳、打球、打高尔夫他都尝试过，但是容易受限制，跑步对于他来说最合适，天气好就去外面跑，天气不好买个跑步机在公司也可以跑。就这样，李逸飞开始了和马拉松的缘分。刚开始跑五公里就会感到痛苦，但慢慢坚持下来，他爱上了这项运动，跑了一年之后，体检结果显示之前的脂肪肝等问题全部没有了，身体非常健康。

李逸飞说，手机剥夺了人原本属于自己的时间，但是跑步的一个小时是放下手机的，这是一段给自己独立思考的时间，工作的目标或者遇到的困难可能会在跑步的时候找到答案。

李逸飞平均每个月跑300千米，但真正去跑一场全程42千米的马拉松的时候，他或多或少也会遇见困难，比如脚或膝盖的老伤会痛，或者遭遇撞墙期——体内储备的能量消耗完了、像撞到墙一样无法动弹，而这些都需要不断克服，所以跑马拉松非常磨炼意志。李逸飞说，坚持跑步后发现，它除了对身体好以外，也能使自己的精神更愉悦，意志更坚强。

跑马拉松是一个漫长的过程，要合理地分配体力，不能刚出发就加速飞奔，这样一定跑不完全程，到某个点就要求退出。一般人都会认为前半程体力充沛的时候应该跑得快一点，后面累了就慢跑甚至直接走路，所以后半程成绩会更差一点。但是专业选手则相反，前半程的速度都会比后半程的速度慢一点。这是因为他们会合理地分配体力。李逸飞说，如果知道每一千米需要用怎样的配速控制自己，他就不会突然狂奔，而是有严格的计划。

“体力分配得很均匀，极少会有意外，也就避免了因体力透支而要求退出。”李逸飞把马拉松精神带到了三七互娱中，“企业发展需要一定资金积累和持续投入，所以一定要有一个长远的目标，才能永续经营。在企业经营过程中，要考虑未来三五年的目标，考虑利润分配问题，把企业发展周期控制好，才能持续发展，甚至发展得越来越好。这就跟跑步一样，后半程跑得越来越快，相当于企业在加速度发展。”

2015年，李逸飞总结出马拉松精神，就把这种文化在全企业普及并剖析，在他的带动下，公司高管几乎都跑过全程马拉松。每年的广州马拉松，公司都会有自己专门的跑团，少的时候有二三十个人，多的一年有四十多个人。马拉松文化与企业经营结合后，所有管理者都认识到，三七互娱要做长线企业，目标是做全球文创企业的领跑者之一。

对普通人来说，完成一个全程马拉松，首先要做一个长期艰苦的训练，有很完整的训练计划，才有能力进行挑战，此外，跑步过程中要合理分配体力，有明确的目标，每一千米都有自己的配置要求，才能比较顺利达成自己的目标。做企业也是一样，是一个长期艰苦的过程，追求永续经营，就要合理分配经营目标。受新冠肺炎疫情影响，有企业经营不善，为了节省成本只能裁员，这无疑伤害了企业品牌。长线企业要用马拉松这种模式去做，则不该裁员，企业利润虽有影响，但有困难一起扛，工资或者五险一金都有保障，才能打造良好的雇主品牌，才能吸引人才。广州在新冠肺炎疫情期间，政府设身处地替企业考虑问题，企业接受帮助承诺不裁员，渡过难关后扩大生产规模也能解决就业问题，不会造成失业率的加剧，这是一种良性循环，使各方共赢。李逸飞一直以来的理念是有付出才有回报，他对校招生也是这么说的，应该先努力地工作，等到了年底先预留这一年为公司做的贡献，工作能力的提升，再看拿到的奖金或年终奖符不符合付出。

对李逸飞来说，跑马拉松有太多难忘的事情。他曾参加美国波士顿有史以来最冷的马拉松，在-1°C还下着雨的天气时，穿着短裤短袖冻得直哆嗦的他还是坚持跑完全程。2019年10月，李逸飞还想挑战自己的极限，连续三周跑了三个马拉松。在跑第三个马拉松的过程中感觉特别疲劳，甚至边跑边骂自己，因为真的非常痛苦，浑身疼，但结果更重要，当他冲刺终点并从志愿者手里拿到奖牌挂在脖子上的那一刻，好像浑身都不疼了，那一刻是最快乐的。

从成都到广州，三七互娱在粤落地生根十年

2009年，李逸飞最初创业是在成都，公司大都是当地人，当时政府更重视扶持酒水企业，因此李逸飞的公司遇到许多困难。创业半年过后，公司遭遇发展艰难、人才短缺，李逸飞凭着另一位合伙人在广州工作过几年的经验，决定来广州发展。

李逸飞对广州的第一印象就是热，当时创业在广州的旧厂房，顶楼是业主加建的，隔热不好。那时候很多客户到了大楼都找不到公司，因为电梯只通到六楼，而三七互娱在七楼。如今的三七互娱大厦已处处是明亮的落地窗和崭新的空调房。

从创业到现在有两个重大的抉择影响了公司前景，一个就是把公司搬到广州，另外一个就是自主研发体系的建立。2013年，公司从成都和厦门引进研发的核心人才来广州。在2013年之前，李逸飞的企业还没有自己的研发体系，只做发行业务，所有的产品也都是合作伙伴开发的。当时已经进入到移动端手机市场，把研发和发行割裂开，是不利于长远发展的，必须要建立自己的研发体系。从成都找了胡总，整个研发体系也有20%的少数股东的激励，后来变成上市公司全资子公司。同时从厦门找到当时做产品很厉害的人才，现在已是集团副总裁以及研发体系的第一制作人，研发的产品在整个公司成功的资源产品里占了一半以上。此时，李逸飞开始建立自己的研发体系，他认为这是过去五六年里三七互娱能高速发展的最重要的决策。

当公司有了自己研发的产品之后，虽然承受的市场费用或营销费用会更高，但不需要分成，相应的利润率也变高了，通过加大投入，把研发数据和用户数据打通，开放核心数据，对研发的立项、产品优化以及发行产品等都有很大的帮助。李逸飞认为，游戏公司最大的驱动力来自数据，要从大数据去分析你的用户喜欢什么，不喜欢什么，他愿意为什么买单，或者不愿意为什么买单，包括什么样的用户是最核心的用户群等都要从数据里分析。所以当三七互娱联运一体后，整个大数据的循环就已经建立好了，可以在循环的过程中提炼升级，进行研发及发行体系的更新迭代。

李逸飞说，人才是互联网企业最大的竞争力。三七互娱人才观里面最重要的一条是分享，公司工卡上面写的企业价值观，最后一个关键词就是分享。很多人能力很强，但不愿意教人。而李逸飞认为，成功的人除了业务能力以外，还会把自己的成功经验分享给别人，带动整个团队进步，这个可能是他最看重的。

李逸飞创业以来最有成就感的是公司上市。李逸飞当时创业的时候没有想到上市，也从未想过公司能做到现在这种规模。当时他们甚至觉得公司能够做到从一年几千万元的利润到一年三个亿的利润，就可以退休了。李逸飞说，要感谢这个大时代，让他们赶上智能手机在中国发展的风口并带来智能手机游戏行业的飞跃，是社会发展带来的红利使公司能够乘风破浪。

公司叫三七，主要是当时做网站买的域名叫37网，谐音叫“上去玩”。后来做了品牌升华，发现公司三个创始人都是“70后”，因此“三七”就是“三个‘70后’”一起做一些好玩的事情，并把这些事情做得更长久。

三七互娱在李逸飞的人生里有很重要地位，他在公司的外号就是“八哥”，谐音就是“bug”，产品部、技术部害怕李逸飞来找bug。一个产品流程测试了那么多次，每次到他这里，总是能找到bug或者用户体验不好的地方。公司就像是他的一个孩子，每一个东西他都会特别珍惜，不希望有任何不好的地方。就像父母对待孩子，稍微一发烧就会特别紧张和心疼，李逸飞对三七互娱就是这种感情。他说，等大家都把公司当作自己的家，或者当作自己的孩子一样，他就可以退休了。

全文化战略布局，做具有世界影响力的文创企业

2016年底，三七互娱提出业务战略全景，做全方位的文化布局。三七互娱的外延式文化投资范围很广，涉及艺人经纪、影视、社交软件、音乐、在线教育、动漫、泛文娱媒体、VR/AR技术等，这两年仍在做一些优化和迭代。我们熟悉的许多公众号，例如毒舌电影、sir电影，都有三七互娱的支持。李逸飞说，之所以做这样一个选择，是因为游戏本身属于文创的一部分，三七互娱做了10年的游戏企业，一个文创企业的核心价值是要做成自己的IP，有自己沉淀下来的用户，光是一个游戏产业是不够的，要从整个文创产业多个细分领域去打造。他还说，最好对标的文创企业，就是现在领先全世界的迪士尼。迪士尼对小朋友的IP是各种公主，对成年人的IP就是漫威，囊括了漫画、动画、电影、游戏、周边、线下娱乐等各种产业，是一个非常完整的战略循环图，形成了一个超级大IP。

三七互娱的长远梦想，是做一个真正有影响力的文创企业。由于李逸飞本人包括核心管理层专注于流量经营，对其他领域的经验不足，起初有许多投资不理想的项目。李逸飞把那些投资看作是一个“交学费”的过程，他说：“任何一家企业在这种多元化的拓展过程中，肯定会踩不同的坑或者交不同的学费，三七互娱这几年发展很快，经营利润高，并且上市后有了融资平台，这些学费也是能够承担得起的。关键是踩了这些坑或者交了学费之后，企业的整个团队真正学到了在这些细分领域不同的商业规律，做新的投资布局或业务时，就可以规避之前的错误，团队就能不停地进步，这个代价是值得的。”

李逸飞和团队成员从2017年就觉得VR/AR可能是中国科技或互联网企业近年重点发展的领域，就像当年智能手机刚刚出现的那种感觉，其中的科技含量，包括它能对文创内容的体现，沉浸式体验的娱乐方式，比现有的硬件设备要强大得多。三七互娱一直很重视这个领域的发展，连续投资了加拿大VR游戏研发团队Archiact与国内顶尖的VR公司天舍文化，开始谋划在VR市场的战略布局。

三七互娱善于坚持和等待。虽然VR/AR这两年在中国发展放缓，硬件设备的质量跟不上，设备造价高昂，它的成本没有快速降到一个家用娱乐的价格标准，但是

长远来看，李逸飞非常看好这一块，还一直在做这方面的布局及内部的孵化，团队有信心在未来5年，该技术将对企业的发展，甚至是全世界文创的格局都会产生一个比较大的影响。

李逸飞对于三七互娱的期许是在退休之前将公司做成全世界文创领域的领跑者之一。美国有迪士尼，中国有腾讯。对于三七互娱来说，虽然与第一阵营的经营收入、社会影响力、美誉度等差距很大，但李逸飞非常乐观，认为远景就是要花时间努力去做到的一些事情。

李逸飞说，广东的游戏产业可能占了中国2/3的市场范围。中国游戏市场第一是腾讯在深圳，第二是网易在广州，三七互娱也在广州，未来广东各个城市跟游戏可以有更多的结合。许多产业都是在慢慢地演变，从以前纯粹做研发到现在线上投广告，甚至有越来越多的展会经济。此外，一个品牌要落地到年轻人的心中，一定要通过线上线下结合的方式。广州展会经济成熟，琶洲展馆几乎每周都有展会。广州的展会经济与游戏的融合会在未来越来越好，线上的产品要与线下相结合，是需要漫展、游戏展的。

三七互娱虽说形成了自己的完整产业链，包括从研发到推广，但也有一部分的项目还是从外界来获取，没有完全靠自己，外部随时会有新的创意型人才创办的企业，这是文创行业最大的特点，不可能企业到了一定规模之后就完全成了闭环，文创企业保持创意活力是非常重要的。因此三七互娱始终保持开放心态，有部分产品需要从外部进行合作。

企业在2018年遇到了空前的困难，所有在A股上市的游戏公司在当年底都遭遇市值的最低点，三七互娱那时候大概只有200亿元的市值，直到2019年才慢慢恢复。

李逸飞坚信用10年为目标，如果公司能够抓住一些新技术的风口和红利，再把现在手上的人才沉淀与资金优势相结合，三七互娱是有机会完成期许的。

潮头问答

你认为广州的创新创业环境怎么样？

这10年来，广州对互联网企业的支持力度越来越大。广州营商环境比许多城市要好，包括去工商注册、办报税等各种各样的东西，广州都非常先进。此外，人才落户也越来越轻松。我们刚来广州的时候，落户比较麻烦，但这几年公司每年都有名额，利于从全国各地吸引人才。教育是除了公司的薪酬或者个人发展以外人才很看重的东西，教育与户口挂钩，落户了孩子才能去读较好的学校。

广州还是一个贸易城市，广交会影响极大。这几年互联网发展，网易是最早从广州走出来的互联网企业，后来有微信、唯品会等也是在广州做出来的，完全土生土长的广州企业，还有一大批小规模的快速发展的互联网企业。一家企业做大了，就会带动产业链的发展。唯品会带动广州的电商环境发展，广州电商创业的企业也越来越多了。

粤港澳大湾区规划中，广州的中心地位越来越突出，人才企业尤其是互联网等新兴产业，在广州的落地和发展越来越好，政府也越来越重视，认识到互联网这种新兴产业对一个城市的发展有极大帮助。

企业需要政府做的无非是：第一是营商环境。企业需要正常经营，害怕主管部门三天两头没事找事。第二是优惠。一些初创型企业希望拿到政府引导型基金的扶持。政府引导了，投资氛围也更充分，初创企业就能得到发展。第三是待遇。给公司的人才解决顾虑，比如落户问题、子女教育问题，广州的政府越来越在意外来人才对这座城市的贡献。广州最让人印象深刻的是人才资源。这里高校多，可以培养出各种各样的人才，研发、美术、运营管理、策划等，我们公司在广州每年两次校招都能纳入许多优秀的年轻人。

你在参加新联会的活动中， 有什么具体行动与思考？

作为广州市新联会游戏行业副会长，我参加过几次新联会的活动，也认识一些非游戏产业的朋友，彼此交流，不仅对做企业，对个人人生都是有启发的。不同领域的精英人士，比如一些来自律师事务所的朋友，他们对法制的进程，或者对经济领域司法纠纷的看法，对我是很有启发。新联会这个模式很好，拓宽了自己的朋友圈，通过活动还认识了很多传统的产业企业家。

互联网企业的领导者相对比较年轻，在原来交流的层面，大多数人都比我年纪小，但是在新联会我能遇见很多年长的人，他们的人生阅历又不一样，交流下来觉得其实每个人都是不容易的。人生都有波折，甚至有时候会跌到谷底，然后重新振作，这种才是更让人觉得敬佩的东西。

你对新联会有哪些展望和建议？

我希望未来应该有更多跨行业的分会的交流。把行业圈子打破，这需要行业协会引导。并且我们也希望能通过交流多反馈互联网企业对政府或者对主管单位的想法。新联会的会长是闵卫国律师，他提了一个非常好的建议：组建团队。会长提出要打破各个不同行业精英的接触壁垒，想接触跨行业的人就集合起来跨行业交流。方案是由15个会长或副会长领衔，组建15个团队，每个团队都有4个阶层的人，每个会长带领1个团队，通过骨干分子组织活动，跨行业走访企业，互相学习。

（文/余晓璐）

我把自己当广州人，也扎根于此。

黎贝卡

黎贝卡

打造一个为广州带来创新的“异想世界”

黎贝卡，广州市新的社会阶层人士联谊会自媒体分会会长，知名时尚博主，前《南方都市报》首席记者。2014年10月24日，创办了自己的时尚类微信公众号“黎贝卡的异想世界”；2019年10月，出版《今天也要认真穿》一书。

在暨南大学新闻与传播学院读书的那些年。黎贝卡喜欢到北京路一带逛街，“花很少的钱就可以淘到非常好看、时髦的衣服”，这段经历让她一脚踏入时尚领域，如今“黎贝卡的异想世界”做得风生水起。2019年，黎贝卡入选福布斯中国意见领袖50强，并被《哈佛商业评论》评选为“中国新增长创新人物”。

如今，黎贝卡在广州扎根、定居，还希望自己的团队可以辐射广州的时尚产业，让这个行业在广州越来越好。

深入街头巷尾认识广州，以热爱和坚持融入广州

黎贝卡从家乡福建省来到广东省广州市，因为她考进了有“华语媒体黄埔军校”之称的暨南大学新闻与传播学院。如今，粉丝也会因为她而来广州旅游，甚至报考暨南大学。

初来广州时，黎贝卡觉得这里的气候又湿又热，根本住不惯。尤其是大学开学的9月，明明其他地方已经凉快起来，可广州还是那么热。她一开始就想，毕业之后是不可能留在广州的。然而，住了一段时间，她就喜欢上了广州。她发现，广州这个城市非常包容，不会让她有“外地人”的感觉。日常生活中，她就算听不懂粤语，但还是感受到了广州人的热心和亲切。自然地，融入了广州的生活。现在她也自认为是“广州人”，出门在外，也会以“我们广州人”发言。

上大学时，黎贝卡还喜欢逃课去逛街，特别是北京路、上下九的大街小巷，走进去，一排一排的店，琳琅满目，选择众多，花很少的钱就可以淘到非常好看、时髦的衣服。没有功利性的，只是一个单纯爱逛街的女孩，黎贝卡看了大量的衣服，也买了大量的衣服，甚至把买回来的衣服进行改造，乐此不疲。彼时，广州还拥有全国最大的服装集散地和批发市场，全国其他省市的人都会来这里拿货，而黎贝卡也喜欢逛批发市场，还梦想在广州开一家自己的服装店。现在我们都知道，2017年黎贝卡实现了这个“小梦想”，在广州创立了同名服饰品牌“黎贝卡的异想世界”。

毕业以后，黎贝卡留在广州，成为一名新闻人。那时候，广州报业很发达，有《南方日报》《羊城晚报》《广州日报》三大报业集团闻名全国。当时她觉得，做新闻一定要在广州，根本不需要考虑其他城市。黎贝卡进入的是《新快报》，8年跑时政新闻，6年跑娱乐新闻，曾任报社首席记者。她发现，广州的舆论环境很好，自己得到了很大的职业满足和锻炼。

回忆当年，黎贝卡曾是广州老城区荔湾的社区记者，一度在这片老城里走街串巷。去过早期的“推车仔”茶楼，看过本地的演出，对骑楼等本土建筑更是十分熟悉。记者的身份让她深入广州的市井生活，更加理解“广州是怎么一回事”，也更

加喜欢这个城市，感受它的包容，它的文化底蕴，还有一些很传统的精神，也不乏许多创新的、新锐的思想。

作为一名优秀的时政记者，黎贝卡年年都参与报道广东省、广州市的两会，这也让她从更高的维度理解广州。多年下来，她发现，广州市的代表委员都非常有关注社情民意的热情和水平。记得有一年，在广州市两会上，无论是采访人大代表，还是政府官员，她发现每个人都很“有料”，结果一天内发了13篇新闻稿，在报社传为佳话。黎贝卡还在采访中发现，有的政协委员会为了一份提案，整个小组花三个月时间去做调研。这令黎贝卡很感动，这些经历让她更加坚信，广州是一个值得留下来创业和生活的城市。

2014年，黎贝卡创办了自己的时尚类微信公众号“黎贝卡的异想世界”。2015年，她离开报社，转型自媒体人，在广州开始创业之路。

最新数据显示，“黎贝卡的异想世界”时尚矩阵全网读者已达2000万，头条平均阅读量50万，入选“2019LOOK x 新榜”时尚公众号商业影响力年度榜单。

2017年，黎贝卡的自有品牌电商小程序“黎贝卡official”第一次上线，7分钟交易额即破百万元，113分钟获得近300万元销售额。同年，宝马MINI汽车独家联手黎贝卡，100辆限量版加勒比蓝汽车4分钟售罄，被哈佛商学院收录为经典案例。

2019年，黎贝卡首部作品《今天也要认真穿》预售仅24小时，登上当当新书总榜第1名和京东预售总榜第1名，荣获kindle中国2019年度畅销新锐作家奖。

2020年初新冠肺炎疫情期间，小程序“黎贝卡official”进店量较去年提升接近40%，小程序“种草好物馆”在2—3月迎来一波销售高峰，许多商品还没发文推荐就迅速售罄。

受香奈儿邀请到巴黎时装周看秀、为路易·威登与联合国儿童基金会的公益项目站台、与故宫文化珠宝合作、拍摄H&M开业广告大片、成为微信支付首位合作KOL、入选福布斯中国时尚意见领袖10强，这样的黎贝卡，很多人以为她肯定产生在“时尚之都”上海。事实上，黎贝卡个人在不断成长和改变，成就日新月异，但不变的是，她不仅没有离开广州，还在广州定居了下来。

黎贝卡依然记得在广州拥有了独立办公室时候的激动心情。开始创业的时候，她第一年都是自己在家办公，后来租了一个小公寓，甚至去朋友公司“寄居”过。终于，她有了自己的办公室，自己装修设计，尽管是租的，却感觉“终于有一个属于自己的空间”。这让她感觉事业走到了开创性的新阶段，很有纪念意义。

2017年，黎贝卡搬进了位于广州CBD的珠江新城一套230平方米的大房子，这个家后来被称为“所有女生的梦想”。

“在自己能力范围内给自己最好的”，“虽然我是一个单身女性，但我也值得给自己买一个好的房子”，一路走来，黎贝卡独立成长，一直热爱和坚持，终于在广州创造了自己想要的生活。

坚守广州开拓时尚产业版图，梦想落地实体版“异想世界”

广州，给人的感觉似乎跟“时尚”没什么关系。很多人告诉黎贝卡，如果想做时尚，就应该搬去上海，因为时尚品牌、活动几乎都在上海。

但是，黎贝卡还是坚守广州，因为她的缘故，一家人也都移居到广州。如今，广州已是黎贝卡的“第二故乡”。

之所以坚持留在广州，也是黎贝卡希望为这个热爱的城市做点贡献。她认为，以前广州的服装产业是领先全国的，近年来因为产业转移、人才流失，产业不如上海或北京那么集中，如果人才继续流失，那广州以后的时尚产业将更加贫瘠。她感到很可惜，觉得自己还是要留下来，在时尚领域做出一番成就，并希望能够产生辐射作用，开拓广州的时尚产业版图，让这个行业在广州越来越好。

当然，黎贝卡指出，目前的广州，也并非没有时尚产业，只是大家不够了解。广州的制造业很发达，也产出了很多知名服饰品牌。

27万场直播、10万多个品牌商品、80多个MCN机构参与、超10亿元的优惠……2020年6月6日，广州落地了首届直播节，是中国第一个以城市为平台举行的直播带货节。这令黎贝卡感到很激动和开心，她认为，这说明广州动起来了，以前可能走的是保守和稳健的路线，如今步子迈开，在线上经济、新兴产业上表现出快速的反应能力。她期待，能够看到更多新的产业在广州发展得越来越好。

为此，黎贝卡对广州提出了自己的建议，她希望政府能够对小规模创业者、新兴企业有更多政策上的扶持，比如税收减免、租金优惠、打造产业园区等。很多自媒体人在广州做出影响力之后，在得知一些城市建设了自媒体基地，就会搬去这些城市，这样会导致广州流失不少人才。

刚开始创业的时候，黎贝卡几乎是一个单打独斗的自媒体人，没有获得太多政策上的支持。但2020年，尽管疫情在全球蔓延，各行各业呈现波折，黎贝卡的事业却收获了更大的肯定。

黎贝卡一直藏着一个梦想，希望有一个实体版“异想世界”。创业这些年来，她凭借“黎贝卡的异想世界”实现了很多自己的“异想天开”。她觉得，很多女生也有关于生活、关于未来的梦想，只是有一些人觉得“我可能没法实现”“我就只能这样了”。她希望能够打造一个梦幻的生活空间，当人们来到真实版的“黎贝卡的异想世界”，能重拾当年对梦想的热情和追求的勇气。

实际上，当初黎贝卡在视频采访中公开了自己230平方米的家，该视频一度刷屏，引发大量关注。29平方米衣帽间、浴缸等，这个“单身女性的家”让很多女生心驰神往。网友们评论：“卡卡是一个依靠自己的所有力量让生活变得更好的女生。”“她活出了很多女人一辈子的梦。”……

黎贝卡觉得，她没办法让很多人都去她家参观，那就创造出一个真实的生活空间，让人们燃起对家的梦想，继而努力去追求品质生活。这本身是一件充满正能量的事情，同时，也是“黎贝卡的异想世界”切切实实与广州本地发生联系的一次尝试。

相信在不久之后，真实版“黎贝卡的异想世界”就将与更多人见面。

广州的城市环境对你的成长和事业有什么影响?

广州是一个非常务实和低调的城市，这种务实、踏实的氛围，潜移默化地影响了我做事情的态度，让我养成比较低调、务实的处事风格。我觉得广州就是给你一种感觉，比如你随便走进一家店，都会觉得很安心，不会觉得他们会诓你、骗你，就是他们有基本的诚信，然后你对他们也有信任感。在这种社会氛围下，你会觉得，就是应该这样做事情。

此外，写作的人适合待在广州，我的一些知名编剧朋友也定居在广州。广州的生活化和让人很容易静下来的氛围，对写作是很有帮助的。如果我搬去上海的话，可能会接触到前沿的资讯啊，品牌也更多，但是我可能就没有办法像现在这样，可以有一整段的时间静下来写东西。

广州有一点很特别，也是我毕业时决定要留在广州的一大原因。我觉得在这里，一个月挣3000元可以生活下去，挣3万元可以过得很好，它是一个包容性很强的城市。但是如果你去别的一线城市，你挣3000元就可能生活得很困难。

你是什么时候加入新联会的？在这个过程中，你有什么具体行动与思考?

我是2019年初开始参与新联会的活动的，还是一个新人，所以对我来说，可能还是一个慢慢探索和学习的过程。平时会跟新联会的其他人一起讨论，比如最近新联会说了什么做了什么。当时邀请我加入新联会，让我担任自媒体分会的会长，我觉得自己没有经验和能力，就不想担任什么具体职位。但会长告诉我，只要把我的自媒体做好，发挥正向的、积极的引导和影响，传播正能量，做好自己就够了。我就想到，“黎贝卡的异想世界”正是让人热爱生活、热爱美，传播的也都是正能量。不过，加入新联会之后，还是多了一份责任感，以前是不受约束的，现在就会知道自己有引导方向的一些责任。现在的各个阶段，都会有人告诉我该注意什么，以前可能都是靠自己“瞎琢磨”和自觉，现在有人帮我，告诉我“现在在哪”。

你对新联会有哪些展望和建议？

据我所知，很多自媒体人和新兴行业的创业者都在广州，我觉得未来新联会可以更快速、更及时地把大家团聚在一起，能够发挥更大的作用。

我去了外地才发现，原来有这么多自媒体、服装品牌和直播平台、游戏公司都在广州，我之前竟然都不知道。我发现，一些地区会把比较新的行业或者新公司的创始人这些力量集中在一起做更大的事。我就在想，如果广州市新联会能够发挥这个作用，就能让广州的新业态、新动力这些名片，传播到全国，这件事情令人期待。

新联会就是要聚拢最新锐、最新生的力量，一起做更大的事，一起发挥更大的作用。

（文/侯燕婷）

我一直喜欢广州的务实精神，很重视创新技术的应用和产业化。

梁应滔

培育“VR+”新兴业态，秉持初心向快乐出发

梁应滔，广州市新的社会阶层人士联谊会顾问，广州玖的数码科技有限公司董事长兼创始人，中国文化娱乐行业协会虚拟现实技术应用专业委员会副主任，中国国际商会广州商会副会长，全国智能制造（中国制造2025）创新创业大赛专家评委，广东省游戏产业协会理事，中山市游戏游艺行业协会副会长，凯胜融英信息科技（上海）有限公司资深顾问。

自2001年开始，梁应滔连续创业，历经电脑、耗材、大头贴机、动感影院等多个电子流行娱乐相关行业，至2014年创立玖的，专注虚拟现实研发与应用，以泛娱乐为行业切入点，率先运用B2B2C的闭环商业模式，快速推动虚拟现实技术在B端商业落地，带领玖的成为全球第一家实现规模化VR商业落地的创新性公司。

多年的电子流行娱乐产品从业经验，梁应滔在高科技成果转化落地方面具有独到的贡献，其领导开发的“9DVR”“吧迪乐”“野战排”“意度空间”“第九星球”“VR视界”“熊宝”“VBOX”等VR商业落地项目，均深受全球消费者和创业投资者青睐，在VR普及落地方面同样具有重大推动作用。梁应滔创新奋进的精神，已经带领团队积累了多项创新专利成果。他曾获中国游戏行业“金手指”优秀企业家奖，是广州市天河区代表性的创业领军人才。

看好广州市场，挖掘VR蓝海，树立行业新标准

电子通信专业出身的梁应滔，毕业后没有像很多人一样选择做一名公务员。谈到为什么创业，梁应滔表示这其实并非特定的选择，因为从小父母就给他灌输了创业的想法，且一直非常支持他去放手一搏，他也相信自己有这个能力。所以从给别人打工到自己成了老板，梁应滔都是以乐观、自信的态度面对。直到今天，他依然每天坚持到公司打卡，就像他说的，工作是他的快乐源泉，每天去公司都是一件很开心的事情。

或许有着天生对商业的敏感，离开美的后梁应滔就瞄准了泛娱乐产业。在很多人集中玩起大头贴，炒热C端营销的蓬勃时期，他另辟蹊径，将目光锁定B端的零件制造生产。这种往后退一步的决策就像他天生的嗅觉，以退为进，且一直延续到后来玖的的创立与发展。如今的玖的已然成为全国VR虚拟现实产业的领军者，从零件制造到内容生产再到赛事的研发，B端、C端都已被梁应滔玩转，玖的成功形成产业链闭环。这也是玖的这几年的“幸运”底色。

梁应滔是广东顺德人，回忆起刚到广州时，他毫不犹豫地说“喜欢”。在他看来，当初选择到广州创业就是一件自然而然的事情。梁应滔说道：“当时的广州拥有大型的交易流通市场，是改革开放的前沿地，只要用心去做事，不管投资多少钱，肯定能有所收获。”

跟很多创业者的初创故事不太一样，梁应滔似乎在资金上没有过很大的困扰。自2014年去美国第一次接触到VR产品时，他就萌生一个大胆的想法——要在中国将VR技术做大做强。然而当时的国内环境，尚没有VR技术兴起的苗头，面对这片处于蓝海的产业，梁应滔似乎没有担忧过，因为他就是要做先行者。

带着自己的梦想和直觉，梁应滔毅然选择广州作为玖的的落脚地，依然以自己熟悉的B端市场为切入口。2015年3月18日，玖的的第一款产品上市；5月，全球第一款落地的商业应用VR产品——蛋形太空舱在广州番禺万达广场面世。消费者花30元，即可体验5分钟的虚拟场景。让团队开心的是，第一天产品的落地营收就有2万元，仅在2015年就获得1.6亿元的营收利润。这对梁应滔和他的团队来说无疑是一

剂强心剂。谈到这次“正儿八经”的第一桶金，梁应滔说这是广州市场给予他的信心，在此后的过程中一直体会到广州这座城市无限的可能性。他相信VR一定是未来的一个重要产业，也相信玖的能够做整个VR产业的领头羊。

梁应滔为此还总结了看好广州的三个理由：首先，广州拥有全国最大的批发市场、集散地，能够承载多元文化的迸发，是产品辐射到全国乃至全世界的一个强有力载体。不管是技术、理念，还是在市场的潮流方面都具有一种导向性，且在文化或模式的输出上，背后都有很多技术去支撑，换句话说，创业者不必担心试错成本。比如广州的电脑城，显卡、CPU等零件都会选择在深圳生产，所以玖的从一开始把广州作为自己的一个出发点是自然而然的选择。其次，是广州的定位。在梁应滔看来，广州拥有家的感觉，有一种归属感，放眼全国，似乎没有一个城市能像广州这样具有这么大的包容性。它不像深圳有强烈明显的标签，可能很多人一说到科技都会第一时间想到深圳，说到文化娱乐就想到北京、上海。事实上，广州是一个很务实的城市，它能包揽你想要做的所有行业。最后，就是机会点。很多人认为玖的的成功是因为梁应滔敏锐的商业直觉，但在他看来，他不过是抓住了机遇，得到能与时代并行的机会。也因为这样的蓝海，玖的能够顺利发展，做出傲人成绩。

好的氛围可以事半功倍，好的政策可以如虎添翼

2016年，玖的与Intel合作发布“吧迪乐”线下VR体验车，试行前的一个关键问题就是如何解决牌照。这在当时，VR线下体验车属于新鲜产物。让梁应滔觉得庆幸的是，广州对新兴产业和公司的扶持，帮助玖的顺利解决了这个问题，让城乡之间有了更多普及VR教育的渠道。梁应滔认为，广东作为全国改革开放的先行地，其政策上的引导一直与时俱进。特别是广州，本来就具有包容万象的基因，在各类政策牵引下，更具有全国带头性的作用。他还特别提到，如果不是政策从上往下的贯彻有力，可能基层工作人员一听到VR体验车就因为不懂或没听过的新事物就会不予理会，不给通过。

基于这样的良好氛围，玖的迅速将线下产品做强做大。2015年，玖的获得广东

省文娱产业基金千万级投资。2016年，玖的开始踏足电竞行业，同时期国务院发布促进消费体制机制实施方案，其中明确指出要培育电竞运动体育消费新业态。显然，玖的已经往前走了一步。2016年是VR产业的元年，很多风投开始关注这个新潮的行业。对此梁应滔感慨道，当时同行者开始以自己的方式讲述B端与C端的故事，认为资本的加入后一定会走衰，VR是一场被吹起来的泡沫。梁应滔依旧坚持自己的想法，认为VR这片蓝海一定是未来的趋势。2017年，玖的布局了3500家线下体验店。发起了VR+PC跨端电竞产品——V战，实现VR与PC玩家的共同竞技。在2017年全球未来科技大会上，梁应滔信心满满地说，玖的终将会成为一个泛娱乐“VR+”平台，广州玖的也是世界的玖的。2017年在获得全球领先的移动应用提供商久邦领投的数千万元融资后，梁应滔带领团队开始在内容研发上下工夫。

VR技术一直都是科技类的新鲜产物，如何将VR覆盖到更多层面，梁应滔早有自己的打算。从B端产品玩起，针对的对象是各大商场，但由于当时这项技术的普及不够，很多人玩过一次体验几分钟后便不再关注。市场的及时反馈让梁应滔意识到，设备必须改进，让个人玩家能够拥有穿戴式的体验；在内容上，他经常跟团队探讨，保持每个月10个左右的新内容优化改版，到进行深度研发。在做了一系列的产品设计与试验后，梁应滔发现此路可走。

在玖的发展和不断创新尝试的过程中，梁应滔再次说到自己的“幸运”，很欣慰广州给予他很多美好的“待遇”，比如拥有了广州户口，顺利地解决小孩上学的问题，连带着对公司里的人才也有了更多的保障措施。这让梁应滔再次感受到广州“家”的温暖。如今，梁应滔将广州作为公司发展的核心基地，然后在北京、深圳、济南成立公司的分部，“没办法，对这片土地（广州）爱得深沉”。

“我不懂预测，但我得先做”

很多VR同行认为梁应滔有天生的商业预判能力，知道什么东西会火。2019年，玖的为构建233VR电竞融合共生的全新生态，部署了系统的促进VR电竞产业化落地的“五年大计”。当年6月，中国开始进行5G网络的尝试，而在这之前，玖的已经做出类似的产品。梁应滔特别强调，VR与5G的基因是完全契合的。5G能给VR带来高宽带、低延时、大并发的网络特性，VR能为5G提供大量数据和流量需求。由此，梁应滔迅速调整公司的产品策略，将目光转向C端，研制出新一代5GVR智能C端产品——VBOX。这款产品集“VR+5G+共享算力技术+分布式技术”于一体，内置超过500款VR游戏可供免费体验。

梁应滔认为，不管是什么游戏，最有趣味性的还是人与人的对抗，所以随着VBOX被越来越多的人认可时，玩家就会像以往PC端玩游戏那样组队玩。他甚至认为未来VR的玩法可以在小区里实现，玖的为此开发了自己的云平台——2020年3月玖的GPV云渲染平台成功上线。VBOX可以自动接入平台，广泛运用于人工智能、智慧城市、大数据，帮助解决中小型企业以及C端的问题。另外，玖的233电竞中心APP里，内容丰富，所有用户均可注册，还可以租赁设备。梁应滔希望以此增强社交属性，增加玩家的黏性。

通过反思与不断地摸索，梁应滔将电竞赛事的“设置内容上往重了做，设备上往轻了走”。于2020年5月发布“233全国VR电竞城市争霸赛”，一个针对VR玩家打造的电竞赛事。有趣的是，“233”数字代表的是年轻一代的网络聊天表情包，即表示快乐的意思。作为“70后”的公司掌舵者，梁应滔始终拥抱年轻人的潮流元素，如他所说“接受新鲜事物是最基础的素质”。他希望233VR电竞泛娱乐平台，能够在不同年龄的群体中实现跨业态、连锁化、规模化的发展。

在谈到2020年的新冠肺炎疫情影响时，梁应滔并没有太多紧张与担忧。他认为随着全球逐步复工复产，电子板块下游的消费端正稳步复苏。消费电子领域受益于复工复产与降价促销的驱动，此前延迟的消费需求正逐步释放。玖的没有暂停自己的脚步，始终围绕“零部件+终端+硬件”的开发，形成自身发展的良好通路。展望消费电子行业远景，梁应滔依然看好VR产品与“VR+”各行业的项目，它们有望重塑新的风向标，特别是未来中长期芯片行业将受益于国家5G通信网络建设带来的需求增量，智能穿戴设备领域头部制造商将持续走高。

未来的玖的将全面深化对接汽车、消防、禁毒、爱国主义教育、旅游、医疗等各行业和公共服务领域，加速VR技术应用渗透到产业链的每个角落。

身处一个新兴行业，如何看待VR在广州的发展前景？

我一直认为广州是个很开放和包容的城市。从这么多年的创业经历来看，可以说广州是国内最活跃的交易市场之一，其商业氛围的活跃程度、开放程度、要素流通效率都处于全国领先的状态。另外，在广州不用担心找不到合适的市场和人群，就因为它的多样性、多维度，我们才有创新研发的空间，既可以做精尖产业，也可以做复合产业。特别是对于VR这种大众感觉还有些陌生的产业。以我的经验来看，把新兴行业放在广州起步更容易打通产业链条，上通制造业，下接市场。这对刚刚起步、产业链上下游尚不成熟的VR虚拟现实行业来说，显得尤为重要。此外，我一直喜欢广州的务实精神，它很重视创新技术的应用和产业化。在这种氛围下，玖的所有研发都会考虑到如何商业化、如何落地，让技术为商业模式服务。当然，无论是什么新技术、新产业，都有赖于政策上的指导与支持，从这点看，广州各级政府在技术创新与应用方面的支持与引导上，确实使企业在技术成果转化应用方面更具优势。

你如何看待新的社会阶层人士这个群体？

我认为这个群体是在社会上具有一定代表性的，能够引领和影响一个产业的发展。当然，并不是传统行业就不能纳入这个群体。既然是新的阶层，就应该有某种市场上的风向标属性。这个群体是各行各业的精英代表，能够聚集在一起，便可以多维度多方向地创造创新很多项目的落地。我是挺看好这一组织的，因为从2017年加入这个组织以来，无论是有关部门组织的调研，孵化活动，还是参与一些如“羊城e家”等专题性活动，我都能看到很多新生产业，这对我触动很大。当然，这些都受益于广州的政府在其中给予的大力支持。当国家出台新的法律法规时，我们能够有一个沟通和学习的平台，有一个及时反馈的窗口。在交流中，也拓展了自己的视野，所以说新的社会阶层人士这个群体也是政策、活动落实的良好载体。

你对广州市新联会有什么展望和建议？

我相信新联会会发展得越来越好，它是一个具有创新精神的组织，从成立到现在，总体来说是非常不错的。它能够聚集不同产业的精英人士，并且能够对政策从上至下及时做一个方向上的梳理，这对任何企业来说都是很重要的。

希望新联会在未来的时间里，能够给各行各业的企业提供更多的机会，多创造或孵化一些复合型项目。现在的活动很多还局限在某个行业领域内，希望以后能有跨行业的学习与交流。毕竟这个组织内的成员单位在广州市乃至广东省都是具有代表性的，在多层次的跨行业交流中一定会迸发出新的火花。所以，我也希望新联会多举办更有深度的活动，更深层次地支持与挖掘行业的特质，从政策导向上给予企业更多的扶持。另外，也可以通过咱们的中介服务行业串联起更多有深度的活动。

（文/梁紫彤）

“自雇自足”作为新联会的品牌项目，将致力于做好连接自由职业者与政府的桥梁。不但要在广州扎根，还要让它努力生长，能够跑向全国。

刘琼雄

坚持社会创新实践，做自由职业者的连接人

刘琼雄，广州市新的社会阶层人士联谊会自雇自足分会会长，广州自雇自足信息技术服务有限公司创始人，一桌（广州）文化发展有限公司创办人，“iMART创意市集”发起人及创办人，公益项目“荒岛图书馆”“乐创益公平贸易发展中心”发起人，PKN广州联合发起人，南方报业传媒集团旗下《城市画报》杂志前执行主编兼首席运营官。出版有《雷锋1940—1962》《红军1934—1936》《慢生活，快生意》《体验式零售》等著作。

刘琼雄的身份很多元，如果非要归纳一个的话，可以说他是深耕文创行业的创意策划人。与新的社会阶层人士密切相关的是，自2016年11月开始，他一手打造了以“自雇自足”为价值观的全国最大的自由职业者社群，已连续两年在广州发起自由职业嘉年华活动，在自由职业者心目中颇具影响力。2017年12月，“自雇自足”被中央统战部评为广州市新的社会阶层人士统战工作实践创新基地第二批重点项目，并获得“2018年度全国统战部工作实践创新成果奖”；2019年7月，“自雇自足”被《南方都市报》授予“2018年度广州城市治理榜改革创新奖”。2019年7月，刘琼雄参加中央统战部第二期自由职业代表人士理论研讨班培训学习。

刘琼雄不只是个理想主义者，还是个实干的执行者。新冠肺炎疫情发生之后，他在广州以自雇自足社群为基础发起了“自力市集”活动，倡导“自力更生，自食其力”，响应了国家鼓励发展新个体经济的政策。“自力市集”的发展目标是要在全国推动落地，并成为各个城市里常态化的市集活动，打造一个为自由职业者服务的自主创业平台。

长期关注年轻人生活方式，成为创意策划人

1998年，从南京大学中文系毕业的刘琼雄来到广州，赶上广州的媒体业蓬勃发展的起飞阶段。刘琼雄说自己很幸运，正好在最好的年纪经历了这个黄金时期。

刘琼雄加入的第一个单位是共青团广东省委旗下的《黄金时代》杂志。三年后刘琼雄加入了南方报业传媒集团旗下的《城市画报》杂志，从此一干就是15年。从普通的记者做起，因业务能力表现突出，一步步晋升，一直做到执行主编兼首席运营官的岗位。从内容执行到商业管理，从传统媒体到新媒体的实践，刘琼雄从一个懵懂的大学毕业生，变成了一个专业媒体人，得益于广州成熟的媒体行业环境。

由于工作的关系，刘琼雄长期关注年轻人群体，对年轻人的生活方式、趋势和变化都有自己独到的宏观与微观的观察，并身体力行地去设计一个个的方案来落地。从业近20年来，在刘琼雄手上策划了不少全国知名的品牌活动，例如“创意市集”“荒岛图书馆”“真人图书”等。

在《城市画报》杂志工作的这段时间，对刘琼雄来说十分关键。作为面向年轻人的城市生活领航杂志，《城市画报》聚焦的都是当下都市年轻人最为鲜活的生活形态与生活方式，刘琼雄得以通过这份工作不断地受到年轻人的冲击和刺激，并且每天都在见证各种新生事物和活动。第一时间汇集年轻人的心声，第一时间把握城市脉动的趋向，刘琼雄在广州走街串巷，在全国发掘创意，一方面从不曾在广州感到寂寞和枯燥，另一方面经常与积极活跃、脑洞大开的年轻人相处，刘琼雄也变得鲜活而敏锐。

将创意进行到底，以创新来撬动社会价值

刘琼雄在《城市画报》从记者一直做到执行主编，在这家媒体管理过多个部门，运营过新媒体，做过各种活动还引资组建过公司，走南闯北谈过大大小小的合作，但传统纸媒繁荣的时代已逝，刘琼雄也感到了强烈的中年危机和转型危机。

通过对自己道路的重新规划，刘琼雄果断放弃了原来的媒体行业，转向了文创

领域。虽然做的事情大不相同，但刘琼雄并不觉得跨度太大，因为他还是在用从媒体行业学到的东西，将对年轻人生活方式以及趋势上的敏锐观察和感受用其他的方式、其他的服务手段和角度切入创业过程中的。

媒体从业者的伸缩能力非常强，刘琼雄原来想的都是怎么样才能写好一篇文章或想好一个选题，现在则是真真正正在做服务，而且还要找出自己的生存方式和赚钱方法。尽管创业总会遇到各种各样的困难，但掌握的所有生存技能和能力都是媒体从业经历带给他的，所以哪怕是在做其他的事情，刘琼雄依然在坚持用媒体思维将新的思路和玩法与他擅长做的事情联系起来。

说起他曾经做过的最有影响力的事情，当属2006年刘琼雄在国内率先发起的创意市集了，这是中国最早的创意市集，诞生于广州。2020年全国一度热门的话题“地摊经济”，实际上刘琼雄早在14年前就开始做起来了，而且专门面向文创产业。当时的创意市集主要是一个为文艺青年、年轻设计师提供展卖产品的活动平台，现在大家都熟悉的创意市集这种活动形态，这其中有刘琼雄和他的团队成员努力实践、推广、普及的努力。

当时刘琼雄在国内发起这个活动，就是因为他觉得城市里需要一些户外的创新的活动形式，而很多年轻的设计师的产品又非常需要有一个面向市场的展卖机会，于是他希望通过自己所在的媒体来推动这个新事物。如今十几年过去，事实已经证明了当年的努力是有价值的。如今创意市集已经成为城市文创产业的主要业态，无数的设计师品牌在创意市集孵化和成长。

“记得刚做创意市集第3年的时候，有媒体采访我，观点是认为创意市集老是重复做，是不是已经有审美疲劳了，为什么还要不断坚持做？我回答说，市集的形态还可以有很多探索空间，只要这个活动形式对城市生活、对年轻人的创业发展是有帮助的，我们就要坚持下去。因为只有这样，大家才会继续创作产品，制订生产计划，而创意市集是他们的市场实验田，一定会长出很多创意成果的。”

刘琼雄说，当时的愿景是让“创意市集”这个新词，能够被《现代汉语词典》收录，成为人们的常识，成为城市生活里的一种常态，就像传统的“庙会”一样，而不再是新鲜的“活动策划”。刘琼雄在2006年发起的iMART创意市集，十几年来已巡回近40个大中城市，举办了近200场以户外为主的市集交流活动的。

在刘琼雄的眼里，创意市集是社会公器，因此他一直用非常开放的态度来推动这个品牌项目。谈及创意市集对自己的影响，刘琼雄认为将是影响他一辈子的事情，使他得以从一个采写文章、做内容生产的传统媒体人，转变成了一个能够策划活动、统筹资源的人，还因此亲身见证了文创产业在中国的萌芽与发展。

亲身实践自雇，探索个体创业的方法论

刘琼雄现在主营的品牌“自雇自足”是一个专门为自由职业者服务的社群，尽管他仍然在做内容的服务与运营，但在发展的形式上，他还是延续了创意市集形态的东西，通过“自力市集”去展示、展卖自由职业者的能力和产品。

“自雇自足”的出现与刘琼雄第一次创业失败的经历紧密相关，因为他那个时候也在思考怎么才能用自己的能力解决生存问题，紧接着就发现国内有关自由职业者的社群还没有人做，而自己不仅仅是要成为一个自由职业者，也渴望拥有一个自由职业者的平台，能够相互交流且从中得到一定的支持。带着这样的需求，刘琼雄创办了“自雇自足”社群，以“自雇自足”为价值观，连接更多的自由职业者，为他们提供交流学习的机会，与他们共同成长。

而作为40岁以上的个体创业者，刘琼雄也在身体力行地实践着自雇，“我只有把自己放到同样的情境中，才能切身感受到自由职业者的喜怒哀乐。我是一个年龄超过40岁才开始考虑自雇这个行为的中年自由职业者，具有一定的典型意义，因为随着时代的发展，越来越多的中年人可能面临被职场淘汰的困境，他们是被动地失业，还是主动设计自己的人生下半场？这是一种选择。”刘琼雄希望自己的实践经历能为大家探索出适合当下的自雇方法论。

刘琼雄如今自雇的方式有两个，一个是图书策划、写作，一个是做知名品牌的合伙人。在对自己的底层能力进行分析之后，刘琼雄认为自己多年的经历所锻炼出来的写作能力将是一种伴随自己终身的技能，而出版图书则是他可以获得收入的一个方向，因此他每年计划都写作及策划三四本图书，保证自己的专业反应能力。近

年来他已出版的图书有《美丽乡》《体验式零售》等，还策划出版有《超级中年》《法国采风创作手帖：遇见谁》，最近在筹划写作一本关于广州永庆坊城市更新的书。

成为合伙人，则完全是刘琼雄在自雇过程中摸索出来的解决方案。毕竟靠单枪匹马是做不了多少事情的，自由职业者依然需要合作平台，需要成熟的品牌来快速成长，“品牌合伙人”制度也成为刘琼雄自雇的重点课题，他成为知名的文创品牌“旧物仓”的广州城市合伙人，依托自己在文创领域的经验与资源积累，短短两三年的时间就在广州开创了一片新天地。

如今刘琼雄在广州城市更新的示范街区永庆坊创办的“旧物仓·一桌广州”体验新零售商铺，成为业内闻名的网红打卡点。“旧物仓·一桌广州”的定位是做城市记忆的商业创新商铺空间，围绕广州实现“老城市新活力”下工夫，探索如何在旧城区焕发新创意、新生意。

刘琼雄的每一个行动，都紧贴着政策，“但是这些其实都是巧合了，我本来也是要做这些，或者说，我也只会做这些，只是正好我做的时机对了，踩中了时代的鼓点。”这也是作为媒体人出身的刘琼雄在时代触角上的一个优势吧。

“广州这个城市的魅力花一辈子的时间也未必能探索完。”作为一直行走在时代前沿的创新者，刘琼雄想一直这样保持着年轻的创作心态，踏踏实实地在广州深耕，不断为广州贡献自己的创意。

潮头问答

你认为自由职业者与广州的创新创业环境是什么关系？

自由职业是未来的世界性趋势，也是我们国家密切关注的现象。2020年7月，我国出台两份最新文件就与自由职业人员密切相关，均与“保就业”有关，自由职业、自雇创业成为国家重点关注的事情。第一份是国家发改委等13部委于2020年7月15日印发的文件，明确鼓励发展“新个体经济”，进一步降低个体经营者线上创业就业成本，支持微商电商、网络直播等多样化的自主就业、分时就业。大力发展微经济，鼓励“副业创新”。探索适应跨平台、多雇主间灵活就业的权益保障、社会保障等政策。第二份是国务院办公厅在2020年7月31日印发的《关于支持多渠道灵活就业的意见》，可以说是国家层面针对自由职业人员的首份重要文件。

广州作为改革开放的前沿城市，自由职业者数量在全国位居前列，这也是得益于广州长期以来的创新创业的环境。自由职业者是改革开放以来兴起的群体，随着大家可以借助互联网实现自身的价值，做自由职业的人越来越多，且这个群体变得十分活跃，目前已经出现了超大的社群。我现在每天都会接触很多自由职业者，他们都在以个体的方式实现协作和分工，我也会跟他们合作。我们做社群，策划各种主题活动，就是要不断触动他们的内心。自由职业其实早就成为一种全球的趋势，很多人都在向往，他们也给城市经济带来了很大的活力和贡献，未来有可能会成为社会生活的主流。

自由职业者在新联会的发展状态如何？

我感觉自由职业者在广州市新联会到了可以真正发力的新阶段。在新联会自由职业者群体当中，人员的构成是非常多元化和年轻化的，新兴职业群体也很丰富，年轻化趋势很强，他们不是我们一直以来习惯认知的自由职业者群体，他们代表着未来，而且活跃在各种各样的专业技能层面，有自己的工作方式，关键是他们的观念也非常笃定，选择自己工作的方式。新冠肺炎疫情也让大家感觉到了自由职业的好处，在这种情况下，自由职业的生命力很旺盛。

我觉得我们自雇自足分会后面还有可以做的事情，不管是宏观的还是微观的，都还能继续找到很多发力点。而且我们现在已经开始走出广州了，像天津、深圳这些城市我们都已经开始有越来越紧密的合作。我们就是一个在广州扎根，种下种子，经过发芽、生长，又能够跑向全国的这样一个新阶层的品牌，我们可以发展的范围实际上是没有地域界限的，因为我们是用一种全新的互联网思维运营的，这也是我们的创新点。

你认为新联会今后还可以做些什么事情?

广州市新联会推动了很多分会成立，我认为还可以为这些分会之间的互动创造更多条件，彼此之间还可以多碰撞一些东西出来，多一些交流的机会，扩大一些合作的可能。当然每个分会都有各自需要处理的事情，要建立一个良好的互动过程还需要花时间，但我相信只要稍作尝试，这些互动很快就会发生了。

（文/李桐）

新联会使我们对于新的社会阶层人士这个身份有了很大的认同，形成了一定的合力，做出了很好的表率。

吕明心

明心净志，守护天朗气清的网络空间

吕明心，广州市新的社会阶层人士联合会常务理事，广东省新的社会阶层人士联合会新媒体分会常务理事，天河区新的社会阶层人士联谊会新媒体分会会长，羊城创意产业园新的社会阶层人士联谊会副主任，荔枝APP副总裁、党支部书记，广东省互联网行业联合会副会长。

吕明心作为荔支网络技术有限公司副总裁，主要管理政务、公益等公共事务，参与公司发展战略的制订，曾先后获得“粤港澳大湾区创业青年”“羊城创意产业园非公党委优秀党务者”等荣誉称号。其所在的公司自2013年于广州成立至今，已经成长为国内最大的UGC（用户生产内容）音频社区，2020年1月17日正式登陆纳斯达克交易所，成为中国在线音频第一股。

最初怀抱着新闻理想来到广州，一路兜兜转转，吕明心最终还是回到了自己的职业初心，带领荔枝平台进行正能量的输出，发挥党支部的堡垒作用，为互联网新媒体行业守护天朗气清的网络空间。

在内容制作、科技研发、人才培养与社会公益等方面，吕明心的工作业绩都十分突出。伴随着广州城市的变迁与事业的不断壮大，吕明心仍将坚守自己的初心，为行业、为社会做出更大的贡献，创造更大的价值。

理想开路扬帆职业追求，兜兜转转回归媒体本色

2007年，初来广州的吕明心怀抱着新闻理想入读暨南大学新闻专业，尽管刚来的时候一个人都不认识，但她却对这个城市颇有好感。整洁的城市容貌以及开放包容的社会风气都让吕明心深感欣喜。在这里，吕明心不仅认识了很多新的朋友，还通过新闻职业参与了很多重大的事件。

2008年汶川大地震的时候，吕明心就组建了一支队伍，在学校“三下乡”活动的支持下前往汶川、都江堰、映秀等地做了一些爱心活动和调研。看到当地民众承受着家庭破碎、家园毁坏的痛苦，吕明心很受触动。虽然条件比较艰苦，但她们克服万难前往多个学校和安置点赠送了慰问礼品，产出了一些有意义的报道和报告。2010年广州亚运会期间，吕明心跟随导师参与了一项有关传播事务的课题，为城市建设提出了一些自己的思考。

这些重大事件的发生让吕明心体会到了新闻媒体的重任，以至于后来在《南方都市报》《南方周末》等报社实习的时候，吕明心也选择去了突发新闻部，通过报道与跟进突发事件、医患关系等内容聚焦民生。除此之外，吕明心还在广东省人民政府网络处做了一段时间的舆情分析师，监测广东省一些重点平台的内容制作。在这一过程中，吕明心不仅接触到了新闻界一些很优秀的前辈，而且在新闻以及舆情方面有了更多的体会，也更加深入地参与和融入进了广州这个城市。

毕业之后的吕明心做了各种各样的尝试，除了记者，吕明心还做过银行的客户经理，在智谷研究院担任过执行院长的职务。经过一番周折，吕明心最终还是回到了新媒体行业，回到了自己的职业初心。

2018年来到荔支网络技术有限公司（主要运营荔枝FM品牌，以下简称“荔枝平台”）的吕明心负责起了政务、公益等公共事务以及公司发展战略制定的相关工作。与之前记者关注事件本身，客观呈现报道的工作状态不同的是，吕明心要对平台内容质量的产出进行把关，思考企业如何将自身的社会责任转化落地为对社会更有价值的事情，从而扩大平台正向内容的影响力，传达正确的价值观。通过结合自身的平台技术以及传播优势，吕明心牵头组织了诸多特色的项目活动，持续推进荔

枝平台的正能量内容建设以及红色文化的传承。

从离开浙江嘉兴来到广州读书、就业、成家，吕明心认为广州见证了自己人生中最重要的时刻，同时她自己也见证了广州这个城市变迁的一段过程——看着珠江新城建立起来，看着媒体行业经过了一轮又一轮的变革，看着公司的发展越来越好……吕明心强调自己不可能离开广州，并且希望通过自己的双手和智慧更多地回报广州。

潜心工作发挥平台优势，不辱使命传递正向价值

在多年的社会工作积累以及媒体经验沉淀下，来到荔枝平台后的吕明心交出了一份十分亮眼的工作答卷。无论在活动内容、党支部建设还是社会贡献方面，吕明心都帮助荔枝平台取得了不小的成就。

为贯彻落实习近平总书记关于传播红色文化、传承红色基因的重要指示精神，吕明心充分发挥荔枝平台内容引导方面的优势，开展了多项弘扬红色文化的项目。其中，南雄红色文化生态文旅项目就针对中央苏区县南雄当地红色景点讲解员缺乏，缺少介绍标牌影响游客体验的现象，为当地导游提供了红色主播培训，在景区布设了声音二维码，在媒体渠道设立了“听南雄”频道，多措并举地为当地解决实际难题。另外，高德红色语音地图也以广东省的红色旅游景点景区为介入，进行了二维码的覆盖和普及。

除了特色活动，吕明心也会积极挖掘荔枝平台的公益价值。2018年，吕明心联合唯品会公益、三十七度公益、千禾社区金交会等多家公益机构，发动年轻用户关注和支持公益议题，以声音传播大爱，开创了具有荔枝特色的公益合作模式。如今荔枝平台的公益活动更加丰富，“为留守儿童读故事”“守护单亲妈妈”“藏区光明行”等公益活动种类多样，在社会上形成了积极的传播效应。

自2018年组建公司党支部以来，吕明心不仅打造出了“向阳计划”“活化红色资源”等品牌项目，还推动落实了很多党建活动，真正发挥了党支部政治引领和支部堡垒的作用。仅2019年一年时间，吕明心就带领党支部邀请党课专家开展了3次

线下党课、1次线上党课，8次“不忘初心、牢记使命”主题教育活动，还有3次与其他党支部的党建共建活动，党支部也从不到10个党员扩大到50多个党员，吕明心用实际行动践行了一名基层党组织书记的职责和使命。

此外，为了推进音频高新技术和音频行业的长远发展，吕明心还联合暨南大学、广州大学、广东财经大学、广东外语外贸大学等八大高校开展产学研合作，组建荔枝声音研究院，专门改进声音的音色与音效，共同探讨音频领域的学术研究，培养顶尖人才，并且在助力声音主播施展声音才华的同时，帮助他们持续产出优质内容。

在脱贫攻坚和抗击新冠肺炎疫情方面，吕明心也积极奔走在前线。吕明心在2019年就曾带队调研陕西省汉中市佛坪县以及看望清远市阳山县杜步镇旱坑村孤寡老人，并向公司先后分别申请了100万元、2万元的资金对当地进行帮助。2020年新冠肺炎疫情发生后，吕明心组织业务部门骨干成立了疫情防控工作小组，推动公司向中山大学专项基金医疗队捐赠了100万元，向钟南山医学基金会捐赠了50万元。即便是在疫情防控最关键的时候，吕明心也以实际行动向有需要的单位和困难群众赠送了口罩、酒精和米油等生活用品。

通过发起组建公司党支部，吕明心获得了“羊城创意产业园非公党委优秀党务工作者”的称号；在公共事务以及传播正能量内容方面的突出贡献，也使她获评“粤港澳大湾区创业青年”的称号。“声动南雄”以及“我们的70年声音记忆”正能量活动也分别荣获广东“两新”组织党建“十佳创新案例奖”、广东省第六届网络文化精品“十佳创新精品奖”。

立足本土低调务实发展，开拓未来更创辉煌佳绩

作为一家2013年自广州本土生长的企业，荔枝平台不仅在名称上极富岭南特色，也非常具有粤式企业低调务实的精神，不骄不躁地耕耘自身的发展。谈及2020年1月公司在纳斯达克的上市，吕明心很是激动和自豪，她认为这不仅是对广州互联网行业的振奋和鼓舞，也充分证明了公司在商业模式上的优势。

荔枝平台自诞生起就秉承了“人人都是播客”的理念，被外界视为音频版的Instagram和YouTube。2015年，形成了UGC社区并且启动了千人千面的个性化智能推荐。在网络电台商业模式分化走向知识付费后，还于2016年进行了品牌的战略升级，通过上线语音直播业务为用户提供更广泛、更全面的语音互动。荔枝平台的口号也由此转变成了更具社交意味的：“用声音，在一起。”

吕明心说：“活跃的用户互动与优质的内容产出都离不开公司在声音方面的科技支持，作为最早在音频领域实现智能分发的平台，公司每一年都会投入大量的资金进行相关的研发。”其中，荔枝平台独有的声音底层技术包括3D录制、降噪以及声音的美化与合成。通过人工智能技术和大数据分析系统，荔枝平台可以在用户的声音和行为数据中建立模式，更加精准地实现智能推荐与用户兴趣的匹配。

依托广州的文化资源以及粤港澳大湾区的建设背景，荔枝平台的发展也具有自身的独特韵味。除了粤语直播、戏剧直播、岭南风土人情的相关直播，平台上还活跃着很多港澳的主播以及海外的用户。荔枝平台还与暨南大学以及来自港澳台的一些学校建立了合作关系，为背景多元的学生提供可以落地的实习项目，在这一过程中，港澳台的学生也对内地的传媒行业有了更多的了解，改正了一些认知的偏差。

2020年作为广州的直播元年，各大视频直播全面开花，在她看来声音直播的优势更为突出，一方面可以节省化妆和现场布置的时间和精力，另一方面也能让用户更加关注到直播的内容本身与信息价值，而且声音的随时性和陪伴性也是视频直播所无法比拟的。

快速发展的荔枝平台吸引了多方的关注，也承担起了更大的社会责任。2020年荔枝平台成为广东省互联网业联合会的发起人单位，要在行业凝聚以及内容引导等方面发挥更大价值。广东省委常委、宣传部部长张福海，广东省委宣传部常务副部长刘红兵等领导多次调研荔枝平台时强调要发挥好平台优势，讲好大湾区故事。

身处仍然存在巨大增长的在线音频行业，吕明心对于荔枝平台和自己的未来都充满了期待。除了立足广州和大湾区，带着“帮助人们展示自己声音才华”的使命，讲好特色故事，荔枝平台也会力争成为全球性平台，最大化的进行价值输出，创造更多辉煌的成绩。就个人层面而言，吕明心也希望自己能够做出更多表率。

潮头问答

广州的创新创业环境对企业发展有怎样的影响？

广州的媒体行业很发达，互联网公司、科技公司涵盖的领域也很广泛，各方面都挺包容开放的。我自己在2013年有过创业，对于比特币和区块链技术的应用做了很多有益的尝试，但是可能因为比较超前，所以后面没有做下去了。

广州的企业大多低调、务实，不会刻意地宣传自己，互联网企业的分布也没有那么扎堆，大都分散在各个区域小范围聚集。我们所在的羊城创意园办公环境就是闹中取静，旁边的科韵路有一些游戏公司，还有一些文创类企业，整体的氛围很好。总体来说，广州的科技企业近两年发展得非常好，很有活力和创造力，包括我们荔枝平台也是在2020年上市的。我觉得基于广州开放的环境，企业的发展空间和潜力都十分巨大。

你对新的社会阶层人士这个群体是如何理解的？

新的社会阶层人士代表了各行各业比较优秀的一批人，大家原本在各自的岗位上做一些事情，但在新联会这个组织里，这样一群人就可以团结起来做很多事情，像相互之间的交流、学习，以及资源的嫁接，等等。广州市新联会做得比较早，做得也比较好。从成立到现在虽然没有很长时间，但大家对于新的社会阶层人士已经有了烙印和标签，都很认可这个身份。对于新的社会阶层人士这个定位，大家也都觉得挺自豪的。

新联会给了我们拔高自己，拔高企业的机遇，让个人和企业都能站在更高的视野上去发展。企业不能说只注重盈利，也要跟方针、政策、路线结合，把这个行业带领得更好，实现更多的社会效益。在新联会这样一个组织框架下，新的社会阶层人士也会形成内在的自驱力，更好地发挥自身的社会价值。

令我印象特别深刻的是在一次培训班的开班仪式上，广州市委统战部领导从很高的层面对我们新的社会阶层人士提出要求，他希望我们能够发挥凝聚力、向心力、洞察力、自控力、领导力和亲和力，做新时代最美的奋斗者。我们也是以此为标准要求自己，希望形成新的社会阶层人士的气质和风貌。

你在新联会工作的感受和思考是怎样的？

新联会这个平台、组织，让我们感觉很温暖，我们是守望相助、共同成长的。虽然大家散布在各个行业和企业，但其实已经对这个事情形成了认可和合力，心已经聚在一起了，就培训学习、走访交流等一些活动而言，新联会已经做出了一些努力。

广州市新联会处于粤港澳大湾区的背景下，这是我们新联会跟其他地方新联会不一样的地方。所以我认为新联会还可以有一些新的议题，例如：怎样更好地发挥新的社会阶层人士的作用；怎样更好地团结新联会推动大湾区的工作等。而且我觉得广州市新的社会阶层人士都挺年轻的，互联网企业、各个业态也都朝气蓬勃，有年轻化的特点，可以创新性地做一些活动。

从个人层面来讲，我自己也以新的社会阶层人士这个身份为荣，希望在新联会的带领下，个人的各方面能力得到更多的提升。我作为天河区新联会新媒体分会的会长，也会为企业会员起到连接、带领的作用，多做一些有利于社会的事情。

（文/茉莉　图/司徒智瑞）

新联会就是上下疏通的一个重要渠道。国家一直提倡共治共建共享，要给企业提供一个表达声音的地方，我认为新联会在其中扮演的重要角色是毋庸置疑的。

莫俊刚

牢记初心领军商贸，敢立潮头勇担责任

莫俊刚，广州市新的社会阶层人士联谊会副会长，广州市海珠区新的社会阶层人士联谊会会长，广州市海珠区政协委员，广州华新集团有限公司副总裁，广州华新商贸有限公司总裁，曾入选“广东十大杰出经理人”“广州领航100计划”，并先后担任广东省冷链协会、广州冷藏行业协会等行业龙头协会的会长。

改革开放40多年，商贸流通业历经翻天覆地的变化，涌现出一大批有胆识、勇创新的企业家，形成了具有鲜明时代特征、敢于挑战的中国企业家队伍。莫俊刚作为国内商贸流通业的领军人物，怀揣爱国情怀，秉承创新理念，坚守诚信原则，践行社会责任，磨砺锤炼自我，成为新时代构建新发展格局、建设现代化经济体系、推动行业高质量发展的杰出奋斗者。

深耕行业近三十载，志存高远

从 20 世纪 90 年代初加入华新集团至今，莫俊刚见证了华新商贸由小变大、由弱变强的全过程，更是见证了中国商贸流通行业几十年来的巨变。如今华新集团布局跨越分销物流、时尚产业、生产制造、医疗健康、现代农业、物业地产、股权投资、现代餐饮等八大业务领域，并在新冠肺炎疫情逆境之中仍然保持着稳健良好的发展态势。

最初，莫俊刚潜心研究行业发展，从业务基础开始，深入市场一线理顺各项基础业务，凭借扎实的工作作风、出色的业绩表现、卓越的管理能力、独到的创新理念，从一众员工中脱颖而出并被委以重任。在莫俊刚的带领下，华新商贸凭借“团结、勤奋、诚信、自强、进取”的企业精神，深耕行业近三十载，不遗余力地推进全供应链分销物流一体化发展，实现了从传统分销物流企业到现代物流企业的华丽蜕变，成为国内最大的商贸流通企业之一。

多年来，华新商贸揽入了诸多殊荣，而莫俊刚作为华新商贸的总裁功不可没。目前，华新商贸已成为国内快速消费品分销及物流行业的领军企业之一，先后荣获“广东服务业 100 强”“国家商务邮物流标准化试点企业”“交通部共同配送试点企业”“广东百强民营企业”“广州市首批城市配送试点单位”等诸多殊荣，华新商贸更是在 2009 年被广州市人民政府授予“广州市先进集体”光荣称号，连续多年被评为“海珠区重点企业”。2017 年 4 月，广州华新商贸有限公司在业内再攀新高，荣获国家物流企业最高等级评定——“国家 5A 级综合服务型物流企业”。

作为华新商贸的负责人，莫俊刚从未停止对行业的思考，近年来参与制定、审定了多项行业标准、行业规划、行业政策，长期为广州经贸、交通等部门科研项目提供技术咨询及顾问工作，为广州的商贸流通行业发展贡献了自己的力量。

突破传统经营困境，锐意进取

华新商贸从事的主营业务属于传统意义上的批发零售业务，如何使企业长期稳健发展、基业长青是一道永恒的课题。

伴随着经济下行风险下，行业新常态不断凸显，国内流通业面临着前所未有的经营压力，莫俊刚基于长期的在行业内摸爬滚打的经验，以“巩固分销、发展物流”为发展理念，锐意改革，在行业内率先推广使用以分销物流为核心的业务系统——ERP 上构建出模块式、插件式的业务连接系统，建立基于商贸型综合物流企业的业务全覆盖平台，为华新商贸在华南区“供应链综合服务商”的战略定位奠定了坚实的基础。

在他的努力下，企业的经营规模不但没有在经济下行环境中下滑，反倒在逆境中突破发展，取得了近三年内经营规模翻番的良好业绩，构建起新型的商贸流通一体化产业链，更进一步增强了华新商贸的行业竞争力和影响力，实现了华新商贸在经济新常态下从传统物流向现代物流的跨越式发展。

带领企业转型升级，重塑格局

20 多年的从业经历，使莫俊刚对商贸流通行业的发展趋势有着敏锐的洞察和清晰的判断。面对互联网应用技术日新月异，新零售、新模式不断凸显，莫俊刚高瞻远瞩，敢于实践，勇于创新，围绕“以人为本、科学管理，努力推进各项管理向纵深发展”的目标，一方面强筋壮骨，修炼内功，通过狠抓制度标准化来落实构建健康、诚信的企业文化；另一方面开展多形式培训，全方位提高，通过实施人才战略，努力为企业培养高素质专业技能人才，为企业后期聚势腾飞、转型升级，打下了坚实的基础。

面对行业“低毛利时代”的来临，莫俊刚用清晰的头脑和敏捷的思维，践行华新使命，追随时代潮流，果断出击，紧紧围绕“巩固分销、发展物流”的企业发展理念，以信息技术为引领，以人才梯队建设为手段，以“智能分销 + 智慧物流”一体化建设为核心，引进业内领先的信息技术，创新服务模式，构建出以分销利差、供应链增值服务、内外贸结合双轮驱动、B2B 交易平台“四维一体”的华新复合盈利发展模式和发展新格局，实现了华新商贸的成功转型。

莫俊刚自2010年担任广州冷藏行业协会、广东省冷链协会会长以来，努力开展沟通会员与政府、社会、消费者的关系，调查研究并及时通过各种渠道反映会员和行业的诉求，维护市场秩序和公平竞争，维护会员合法权益和行业的合法经济利益。大力推进本行业的企业改革与产业发展，组织经验交流，提高广州冷藏行业现代化管理水平，促进广州现代冷藏技术水平的提高，为广州冷藏行业健康有序发展做出了自己的贡献。不仅如此，莫俊刚2012年担任海珠区政协常委以来，积极参加政协各项活动。在工作实践中，始终坚持以党的指导思想为指引，潜心学习并把党的十八大、十九大精神应用到企业发展、行业改革创新各项工作当中去。

拥护爱国统一战线，热心公益

“利于国者爱之，害于国者恶之”。莫俊刚作为广州市新的社会阶层人士联谊会副会长、广州市海珠区新的社会阶层人士联谊会会长，正以习近平新时代中国特色社会主义思想为指导，深入贯彻落实中央关于新的社会阶层人士统战工作的总体要求，带领广州市及海珠区新的社会阶层人士紧密团结在党组织的周围，增强党的凝聚力，巩固共同思想政治基础；加强建设，汇聚新力量，助力筑牢新的社会阶层人士统战阵地；发挥优势，做出新贡献，围绕中心献计献策，勤奋工作，积极作为，为广州经济社会发展贡献力量。引领带动广州市及海珠区新的社会阶层人士在服务发展中增进共识，团结凝聚广州市各区新的社会阶层人士，结合新的社会阶层人士的优势特长，准确把握工作方向，在共同奋斗中实现梦想。

莫俊刚在积极为企业发展和业务体系转型升级做出贡献的同时，不忘初心，践行社会使命，积极回报社会。华新商贸于2007年在公司范围内发起“华新爱心互助基金”，华新商贸已以资助社会弱势群体为己任，积极倡导与促进社会公益事业发展。迄今，华新商贸已捐助善款、组织慈善活动、走访、慰问等形式相助病灾家庭、山区老人等逾万人。

在这种互帮互助、和谐共存的良好氛围下，华新商贸全体员工积极参加社会公益事业，力所能及地帮助社会困难群体和公司共事员工，受到社会各界一致赞许。

也正是受这种氛围的影响，每个员工在工作中都怀着感恩的心去面对每一位顾客，面对每一天的生活，从而在同行业中树立了独特、优质服务的企业形象。

切实履行社会责任，迎难而上

华新商贸自成立以来致力于保障市场供应，囊括商超、便利店、社区店、批发、电商等渠道，是广东省民政厅及广州市经贸委救灾应急响应一级单位。在省内外历年发生重大自然灾害时（例如 2008 年春 “冰灾” 、2008 年 5 月 12 日汶川地震、2010 年春西南地区重大旱灾、2010 年 4 月 14 日青海玉树地震等），莫俊刚积极响应各级政府号召，发挥华新商贸企业优势及团队合作精神，圆满完成各级政府发出的救灾指令并多次受到表彰。在历次省、市级救灾和突发事件应对处理过程中，多次受到各级政府及公司内部的嘉奖和表彰。

2020 年初，新冠肺炎疫情形势异常严峻，防疫物资与部分生活必需物资供应出现短缺。在莫俊刚的带领下，华新商贸积极响应党和国家的号召，支持并协助好政府部门的工作，紧急组建公司防疫防控小组，全力以赴投入防疫攻坚战，在做好疫情防控工作的前提下，以最快速度组织复工复产，迅速召集华新商贸自有物流团队，于正月初三（1 月 27 日）全线复工，调动上下游渠道资源，紧急组织采购大量市民所需防疫物资与生活物资，支援广州市疫情防控工作，保障疫情防控期间的人民生活必需物资的供应。华新商贸作为本土企业，扎根羊城，不忘初心，为保供应、稳物价、防疫情、定民心做出努力，以实际行动彰显华新商贸的社会责任与企业担当。2020 年，华新商贸被认定为“全国性重点企业”“广东省疫情防控重点保障企业”“广州市抗击新冠肺炎突出贡献城市配送企业”。

潮头问答

作为土生土长的广州人，对广州的创新创业氛围感觉如何？

我从 1995 年进入华新以来，从基础员工做起，轮值过公司各个部门。在这 25 年里，随着公司不断地发展壮大，我也看到了广州给予民营企业很多政策上的扶持与支持。华新八个产业的设立，见证了广州市的发展，可以说是“活化石”。举个例子，我们的农业板块，之前一直是国有监管，现在经过七八年的发展，一年贸易量超过 10 亿元销售额，产量高达 30 万吨。这些不是单靠一个企业就能完成的，所以广州在创新氛围上多是积极包容的。

另外，广州对外来人员非常包容，没有排挤感，作为千年商都，沉淀下来东西是很多很浓郁的，商机也非常多。没有特别的正式标签，因为它就是多元的，五彩缤纷的。我感觉广州就像一个成熟的男人，有阅历，更有底气，而深圳就像刚出道的年轻人，热血方刚，充满朝气。

你如何看待新的社会阶层人士这个群体？

大概是企业的性质使然，我从加入华新以来经常要与政府的一些职能部门去交流沟通，所以从担任海珠区的新的社会阶层人士联谊会会长一直到广州市新联会的副会长，我的体会相对会深一些。首先，新的社会阶层人士，无论是思想层面，还是阅历层面，都是相对丰富的，且学历都是比较高的，当然还需要一定的经济基础。毕竟作为新的社会阶层人士，就要有带动作用，其一言一行都会影响到周围。新联会每年举办年会，将大家聚拢在一起，对前一年的工作做总结，这点非常好，可以通过这样的形式让更多的会员单位学习与交流。

新联会就是上下疏通的一个重要渠道，国家一直提倡共治共建共享，要给企业提供一个表达声音的地方，我认为新联会在其中扮演的重要角色是毋庸置疑的。

你对新联会的工作有什么建议？

作为广州市新的社会阶层人士联谊会副会长、广州市海珠区新的社会阶层人士联谊会会长，我要发挥会长所长，承担会长责任。服务海珠区内新的社会阶层人士。推动会内成员单位在互联网、大数据和实体经济的深入融合方面建言献策，在构建市场化、法治化的营商环境方面献计出力，为党和政府科学决策提供参考，为加快建设现代化经济体系做出新贡献。发挥沟通交流纽带作用，在举办理论学习、建言献策、社会服务等活动中，进一步增进统战与新的社会阶层人士之间的了解和信任，建立起深厚的友谊，使更多新的社会阶层人士成为党的挚友。

（文 / 梁紫彤）

我们不但要勇立潮头，更要永立潮头，经得住时间的检验。

彭伟

彭伟

极致的追光者，创新引领便捷大众生活

彭伟，广州市新的社会阶层人士联谊会副会长，黄埔区新的社会阶层人士联谊会会长，广州新侨联谊会副会长，广州新侨专家委员会委员，广州市政协委员，蔡司光学集团中国区总裁，蔡司光学集团全球百人领导团队成员之一。

彭伟自1996年加入蔡司光学至今，一路带领蔡司在广州实现了从加工生产到全球规模最大的全链条视力健康产业生态圈的转变。杰出的工作能力以及超前的行业洞察，还让彭伟成为首届“广州新侨回国创业杰出贡献奖”获得者。

主动在基层磨炼、刻苦为技术钻研、踊跃向先进学习，彭伟一路从武汉南下到广州，跨越钢铁、机械、通信、视光学四个不同的行业，历经国有、合资以及独资三种不同的企业体制，在波澜壮阔的时代里创造了自己光辉熠熠的事业功绩。

蔡司在广州的发展为蔡司光学集团的全球事业立下了汗马功劳，20多年来已经成为备受中国广大消费者喜爱的口碑品牌。其实，蔡司傲人的成长史也是彭伟顺应社会环境，紧抓政策机遇，勇踏时代浪尖的成长史。

不惧艰苦练就过硬本领，放眼世界攻坚重大挑战

1975年，彭伟通过《战船台》这部讲述一群热血工人在小船台上成功建造万吨级轮船的老电影产生了对工程师职业的向往。1978年考入华中工学院（现华中科技大学）后，彭伟如愿进入舰船系成为一名“新三届”大学生。

由于产业调整的缘故，1982年毕业的彭伟没能进入船舶制造行业，而是被分配到了武汉钢铁集团公司冷轧薄板厂。在可以自由选择坐办公室的情况下，彭伟却主动扎进了闹哄哄的车间，通过最基础的工作，打磨技术、钻研思考、总结经验。在一项轧钢车间排雾项目的改造中，彭伟解决了进口设备维修的问题，一下子为厂里节省了50多万元的开支，还因此获得了“全国新长征突击手标兵”的称号，厂内的报纸也称赞他“勇于在洋设备上开刀”。仅仅4年的时间，彭伟就被破格评为了高级工程师。

工作上的荣誉没有让彭伟停下前进的脚步，为争取出国培训的资格，彭伟付出了艰辛的努力练习英语，他甚至还听坏了两台录音机。功夫不负有心人，优秀的考核结果令彭伟最终在千分之八的严格录取比例之下前往荷兰进行培训学习。

国外的经历不仅使彭伟获得了国际化的视野，破除了工作认知上的局限，加深了对“工匠精神”的理解，更使他将严谨踏实的工作作风落实在了日常工作的方方面面，甚至还带入之后的员工培养与管理中。

随着改革开放的进程加深，国外的知名企业纷纷在国内“试水”并且获得了火热的市场追捧，彭伟此时被猎头挖去蔡司光学位于广州的工厂。尽管对光学行业知之甚少，彭伟还是勇敢地踏上了这趟未知旅程。

1998年，全球著名品牌蔡司在如今的中新（广州）知识城投资建设了中国第一座大规模的制造工厂，彭伟由此成为蔡司开拓中国市场的带头人。对于这个需要摸着石头过河的全新事业，彭伟在憧憬未来的同时，也扛起了外资企业本土化发展的压力与重任。

埋头苦干建立研发团队、生产制造更高折射率的透镜、创新工艺制作方法、主动出击拿下难得的生产机会……彭伟采取各种方式积极探索蔡司在中国的发展路

径，他还以“工厂、学校、家庭”这一简单有力的口号将员工凝聚起来。除了严格贯彻严谨的精神，他还会用难得的培训机会为员工提供人性化的成长空间，用休闲的娱乐设施为员工营造家的温暖与温馨，令员工由内而外地认同品牌价值，同时不失中国本土的发展特色与优势。

在广州包容开放的投资营商环境以及政府的大力支持下，彭伟带领蔡司在中国实现了飞跃式发展，逐步赢得了德国总部的认可，还成为蔡司光学全球三大生产基地之一。公司不仅在2016年起的蔡司全球数十家工厂“精益水平检查”的内部评选中一直排名第一，连续多年被评为“广州市外商先进技术企业”，更是从设计、研发、生产、销售、市场服务等方面都打造成了完整的视力健康产业生态圈，为蔡司光学全球业务的增长做出重要贡献，为中国人视力健康事业贡献了一份力量。

精益创新锐意拥抱变化，高瞻远瞩启程远大抱负

蔡司能够在广州建立全球完整的生产基地，在光学以及相关技术领域创造非凡价值，成为行业引领者，与广州改革开放40多年来不断完善的创新创业环境密切相关。作为国家中心城市，国际商贸中心以及综合性门户枢纽，广州优越的地理位置，千年商贸文化的沉淀以及实在的优惠政策都给蔡司带来了无可替代的发展优势，也让广州成为蔡司实现更大抱负的“保险箱”。

身处外资企业，彭伟对广州的营商环境深有体会。在首次接触广州开发区相关部门工作人员的时候，彭伟就感受到了广州为企业诚心实意服务的态度，并由此下定决心留在广州。随着企业发展的效益越来越好，蔡司还分别在广州其他地区投资建设了太阳镜片工厂、高端定制化生产工厂等配套公司。到目前为止，蔡司从研发到制造的6家法人实体全部都落户在了广州。

经过20多年中国本土化的发展，如今的蔡司在广州不仅拥有了完整的产业链，营销模式也经历了从4P（产品、渠道、价格、促销）到4E（体验、无处不在、价值交换、口碑营销）的转变。过去只关注产品和单向“铺摊子”的发展模式已经逐渐与不断变化的市场节奏脱节，创新的基因以及对技术驱动的坚持，令蔡司敏锐地捕

捉到了消费者对视觉品质的需求，通过推出各种功能型的产品与前沿的黑科技，蔡司打破了发展僵局，在锐意创新中建立了行业的领先地位。

彭伟说，无论是微观世界、宏观宇宙，还是日常万物与景观，不仅要让消费者“看清”，还要让他们在不同的场景下“看好”。蔡司的防紫外线防护技术，让透明镜片实现了与太阳镜同等的紫外线防护功能；驾驶型镜片则专门针对开车时的视觉需求而作了优化，防眩晕、增景深、快转换的效果能够令消费者在开车时更好地掌控道路信息。由于中国青少年近视发病率逐年增高，蔡司也持续关注青少年的视觉健康，为此提供了积极预防、有效管理和精准矫治三个阶段的全方位的视力解决方案，并配合青少年近视管理专业镜片，切实为青少年儿童的光明未来保驾护航。

蔡司的黑科技不止体现在镜片上，在半导体制造技术、工业质量与研究、医疗技术以及消费光学领域，蔡司都是全球技术的佼佼者。近年来更加注重对技术的研发与投入，也为视光行业培养了更多的专业人才。

2018年，蔡司新视界项目在黄埔区、广州开发区宣布启动，这是蔡司集团在广州的第5家工厂以及第6个法人单位。该项目紧贴中国制造2025发展纲要，全力专注打造“两高四新”型企业，以具有前瞻性、现代感及代表性的工业4.0新工厂，为蔡司提供全球最大规模高折射率、高端定制功能型视光产品及高端眼科器具的制造基地，建立标杆级视力健康产业生态圈。这一年，经过激烈的竞争，蔡司中国区工厂还取得了治疗白内障患者所使用的人工晶体生产权。

通过与数字化、医疗保健和智能生产等未来发展趋势的产品进行组合，整合大数据研究、搭建以及开拓更多合作伙伴等方式，蔡司中国的下一个五年计划已经将“在中国构建未来”提上议程，立足广州全力塑造技术领域的未来，助力“健康中国2030”国家蓝图的实现。

坚守初心传承价值理念，奔走建言担当社会责任

在蔡司中国化本土发展的过程中，彭伟也始终引领蔡司光学将社会责任的承担贯穿其中。蔡司多年来一直致力于“免费午餐”等关爱青少年及其他各类人群的社

会公益项目，彭伟更是亲力亲为地投身于各种社会公益活动。2014年，彭伟就曾带领团队前往甘肃敦煌向文物保护一线的科技人员和职工群众赠送了视力保健产品。2020年新冠肺炎疫情期间，彭伟还发动蔡司采取多项举措支援抗击疫情的工作，为医护工作者、前线执勤人员，黄埔区政府，中新（广州）知识城建设办公室以及社区捐赠了一批防护物资，为各类社会主体提供帮助与关怀。

黄埔区作为广州创新创业最具活力的热土之一，多年来在战略规划、产业布局以及政策扶持等方面为很多企业提供了发展机会。受惠于黄埔区外向型开放经济、高科技产业集群的环境特征，蔡司的发展有如插上了腾飞的双翼。作为广州市政协委员以及黄埔区新的社会阶层人士联谊会会长，彭伟还积极地参政议政、组织活动，为广州市和黄埔区的发展献计献策。

多年的企业实践经验令彭伟提出了不少有益社会的提案。彭伟曾向广州市的“两会”以及黄埔区政协社会法制委员会提出了《关于大力打造我区“隐形冠军”企业摇篮的提案》，建议通过加速构建具备全球领先、技术超前、竞争力强的科技型“隐形冠军”企业集群，切实增强广州创新型经济可持续发展能力。该提案还获得黄埔区2018年优秀提案第一名。此外，彭伟尤其关注青少年近视防控问题，他的《关于加强我国青少年近视防控的提案》，就青少年近视的现状、危害、面临的问题及政策背景作了详细介绍，并对加强广州市青少年近视防控建议各方联合建立青少年近视防控综合防控机制，为青少年提供优质的视觉服务，共同改善视觉环境。

此外，彭伟还在营造更好的发展环境，支持民营企业改革发展、改善外来人员社保待遇等方面提出了很好的意见和建议，包括提出酌情修订《广州市私营企业和个体工商户从业人员基本养老保险实施办法》等。

从来走在时代前列的彭伟，近年又做出了让人惊讶的决定：攻读南方医科大学和里斯本大学联合举办的公共卫生管理博士学位。一方面，彭伟希望用多年的工业管理经验跨界结合健康管理的相关内容，增加员工和家庭的幸福感，另一方面则是为了保持自己的活力。彭伟始终相信，能成事的人无论遇到多少困难，总是勇于承诺和挑战。而他本人仍将继续开拓创新，迎接新的历史使命，带领蔡司为广州的经济发展和社会建设做出更大贡献，提供更大助力。

潮头问答

你认为广州的创新创业环境怎么样?

广州是一个全球性与本土化交织融合的都会。我自1996年南下至今，广州的营商环境一直在进步之中。第一次接触广州开发区相关部门工作人员时，对方一句“我们是来提供服务的”让我深为感动。如今，粤港澳大湾区正迎来历史性的发展机遇，日益完善的投资环境和政府开放的态度，让我们更加充满期待。

投资界有一句名言：“不要把所有的鸡蛋放进一个篮子。”但我认为广州不是篮子，而是保险箱。在20多年的发展中，我们见证了广州始终走在改革开放的前列，广州的政府也一直都保持着锐意创新、不断进取的精神，他们总会以一种开放的心态和周到的服务意识解决问题。可以说，广州打造了一个“高效”政府的榜样。得益于广州优越的发展环境，我们完成了从镜片制造到个性化加工再到营销销售的全面布局，并形成了整体的聚集力。我们非常乐于看到广州欣欣向荣的发展景象，因为这里有一方能让企业有序、健康发展的天地。

你如何看待新的社会阶层人士发挥的作用?

我们这一代人，很感恩时代赋予的机会。身为中国人，也希望为国家做一些正能量的事情。在新冠肺炎疫情肆虐的时候，为了协助中小企业渡过难关，我们黄埔区新联会举办了“暖企助企见真功”的活动，以帮助企业保资产，拿到钱，留住人。通过政策和方法的分享，宣传政府相应的扶持政策，协助技术人员进行职称评定，力求为会员在这个特殊环境下解决困难提供思路。同时我们还对沙龙活动进行了首次线上直播，为企业的复工复产与经验交流提供了绝佳的展示平台，用实际行动做出暖心之举。

日后将在各界人士的合作下，新的社会阶层人士要继续做到“对内有吸引力，对外有感召力，发挥创新的活力”，不但要勇立潮头，更要永立潮头，经得住时间的检验。

你对于黄埔区新联会的相关工作有怎样的思考？

黄埔区新联会自成立以来，积极探索，勇于开拓，团结各理事单位和新的社会阶层人士， 积极投身黄埔区经济社会的建设。在工作中主要体现“三力”（对内有凝聚力，对外有影响力，做事有创新力），做好“三感”（思路有遥感，办法有新感，执行有背推感）。

在接下来的工作中，新联会将从以下三个方面着手：一是对内继续完善新联会制度建设，加强会员吸收，不断壮大组织力量，为黄埔区培育人才、留住人才服务，努力将黄埔区新联会建设成为新的社会阶层人士之家。二是对外不断加强联络，增进新的社会阶层人士之间的了解，保持创新活力。三是不负重托，充分发挥黄埔区新联会职称业务点的作用，为更多区内三资企业中高层及技术管理人员提供职称评定辅导及协助，协助区人力资源和社会保障局做好职称评定的有关工作。

我认为各区新联会和各分会还可以多组织会员单位相互进行走访和经验交流，促成更多有益的合作，并且通过新的社会阶层人士的作用带头助推广州市有潜力的民营企业转型及升级发展。

我期望在未来的日子里与大家携手并肩、开拓创新，不断提升新联会的品牌效应和向心力，吸引更多的优秀人士加入，使新联会不断发展壮大，同时不断提升组织的凝聚力和社会影响力，为推动黄埔区国际科技创新核心区建设做出贡献。

（文/李桐）

当一个组织存在时间越来越长，其发展越来越强大和多元化时，咱们团结一心的凝聚力就会更加突显出来。

丘文

丘文

深耕评估专业做自己，责任在肩勤修为

丘文，广州市新的社会阶层人士联谊会副会长，国众联建设工程管理顾问有限公司广州分公司总经理，广东国众联行资产评估土地房地产估价规划咨询有限公司行政总经理，国众联资产评估土地房地产估价有限公司广州分公司副总经理，国众联保险公估有限公司副总经理。中国注册房地产估价师、中国注册土地估价师、保险公估师，广东省优秀中国特色社会主义建设者，广东海外联谊会理事，广州市人民检察院特约检察员，广州市不良资产管理协会副会长，广州市南沙区政协委员，广州市南沙区公益创投评审专家库专家。

1995年入行至今，丘文一直恪守职业道德，其专业与诚信的精神为评估行业作出了表率。这25年在专业服务领域中，丘文初心如磐，使命在肩，其所在的国众联建设工程管理顾问有限公司已是广东地区的标杆品牌，并将资产评估行业推向了一个新高度。回望职业生涯，从“仰望星空不知所谓”的普通房地产估价师、土地估价师、保险公估师，到“与同行大佬肩并肩”的专业服务机构的创立者、领导者和管理者，再到成为广州市新的社会阶层人士联谊会副会长，丘文一直用专业献智，用行动传递每一份决心与正能量。

专业缔造价值，与穗结缘：把握新机遇、发挥新优势

丘文在深圳大学学的是会计专业，1995年毕业后，他听取了朋友的建议，进入了深圳评估行业，由此开启了他的创业与专业服务之路。“评估行业是一个关于专业与求真的行业。”刚入行，丘文就已经对所从事的行业本质有了自己的理解。在他看来，评估是一个与会计、审计密切相关的职业，需要从业者足够细心，对数字和逻辑有高度的敏感。但它同时也是一个充满诱惑的行业，若没有树立良好的理想信念，不遵循职业发展规律，随意践踏职业道德，在这行是非常容易误入歧路的。正如丘文所说的，做事如做人，人要有好的人品才能有好的人缘，从事评估更是要用真诚的行动，赢得客户的信赖与社会的认可。

多年来，丘文始终坚守专业与本心，作为国众联的主要创办人之一，本着“国字品牌，众志成城，联动全国”的发展理念，以及“诚信、专业、协作、共赢”的企业价值观，兢兢业业地在评估的道路上辛勤耕耘，并且取得了不俗的成绩。他认为，评估无处不在，评估行业在促进国有企业改革、防止国有资产流失、维护市场经济秩序、促进公平竞争等方面发挥了重要作用，是经济社会发展的护航者。作为一名评估行业专业人士，丘文能够以一己之力为营造公平竞争的经济社会发展环境服务，为促进改革开放、构建和谐社会献上微薄力量，是极其有幸的。

2001年，丘文从深圳的国众联集团出来，在广州创立了国众联集团直属的广东国众联评估公司。谈及选择在广州设立公司的原因，丘文说：“广州是一座魅力之城，我很喜欢这座城市。而且当时感觉广州的氛围不错，所以扎根广州，是天时，是地利，更是人和。”在他的认知里，广州一直是珠江三角洲地区的政治、经济、文化中心，特别是改革开放以来，越来越多的人才到广州发展，广州的经济发展更加迅速，人民生活水平不断提升。“少年求学的时候，跟着父母第一次来广州的情景，让我印象很深刻。路宽人多，车水马龙，到了晚上更是灯火辉煌，一切都很新鲜。这种感觉也一直烙在心里。”丘文回忆道，“2001年前后，正值广州面向新世纪，加快改革开放和现代化建设的重要发展阶段，政府工作强调要大力推进经济结构的战略性调整，指出要大力发展现代服务业，发展会展业以及信息、金融、法

律、咨询、中介等现代服务形式，完善中心城市大服务业体系，以进一步加快率先基本实现社会主义现代化、建设现代化中心城市步伐。这让我看到了评估行业在广州的发展机会和需求。”

创立广东国众联评估公司以来，丘文始终坚持围绕中心服务大局，在服务广州经济社会发展中推动公司业务不断拓展，专业咨询能力不断提高。经过近二十年的发展，广东国众联评估公司已经发展成为同时具备资产评估、房地产估价一级、土地评估全国范围内执业（A级资信）、土地利用规划、工程造价甲级、工程咨询乙级、招标代理乙级、政府采购代理机构乙级资格等专业资质的、在广东省内连续三年排名前三的综合性服务机构。其业务服务更是覆盖全国各大省份，香港、澳门地区以及老挝等国家。通过提供专业而优质的服务，广东国众联评估公司在政府和企业中赢得了良好的口碑：2007—2016年连续10年获得广东省工商行政管理局颁发的“守合同重信用企业”荣誉称号，2007年获广东省企业联合会、广东省企业家协会颁发的“广东省诚信示范企业”荣誉称号，2008年获“诚信公约会员单位”荣誉称号，2009年获“诚信示范企业”荣誉称号，2012年获“广东省资产评估协会创先争优模范机构”荣誉称号。

责任促人奋进，顺缘弘新：勇担新使命、展现新作为

丘文是第一批纳入广州市新的社会阶层人士名单的人选之一。“正是因为改革开放，评估行业得以快速发展，我才拥有了施展专业才能的机会与空间；正是因为党和国家高度重视现代服务业发展，评估行业专业人士更加成为护航经济社会有序健康发展的一支重要力量，也因为全国新的社会阶层人士统战工作会议的成功召开和新的社会阶层人士统战工作的开启，才能让我有机会参政议政，开展各项工作，更好地参与国家建设。我所取得的成绩，离不开党和国家对新的社会阶层人士的关心与关怀，离不开改革开放政策的正确引导，离不开统战部门的信任与培养。”

在多年的评估生涯中，丘文不忘初心，坚持把对国家民族的爱、对改革开放的感恩之心转化为对本职工作的持久热情，坚持不懈地履行着自己的使命，荣获“广

东省优秀中国特色社会主义事业建设者”荣誉称号。兼顾新的社会阶层人士代表和政协委员双重身份，丘文表示：“感到光荣的同时，也深感责任重大。”他始终坚定理想信念，永远保持奋斗精神，把个人的事业、行业的前途和国家的命运结合起来，加强学习，奋力拼搏，勇于担当，全力做好本职工作，积极承担社会责任，贡献智慧与力量，用行动证明什么是评估行业人士的使命与担当。

在创新创业的道路上，他乘风破浪，不断前行。2007年，他又创立了国众联建设工程管理顾问有限公司广州分公司。在公司管理上，他积极组建内部绩效管理小组，带队前往深圳参加绩效系统落地方案培训，为公司健康发展、提升员工工作积极性提供新的思路与方法。他坦言，很重视刚入职员工的第一个客户，可能第一次成功后往后的路会好走一点，但是不理想的话，竞争压力是巨大的，毕竟这是一个大浪淘沙的市场。目前广州分公司与各政府部门、企事业单位以及一些高等院校建立了长期稳定的战略合作关系。服务客户有中国银行、广东省财政厅投资审核中心、广州市气象局、万科房地产、深圳香江控股等。

在专业发展的道路上，他坚持学习，砥砺奋进。“广州是一座充满机遇的城市,推动着我不断学习和进步。”丘文思维开阔、想法新颖，在估价学术研究方面见解独特，经常亲自参与大型、特大型国有企业资产重组、兼并等评估项目的技术路线探讨。丘文不但自己参与多项专业课题，而且积极带领员工开辟EPC（国际通用工程总承包产业）项目咨询业务。利用业余时间出版了《2005年房地产估价师执业资格考试习题集》《2007年全国房地产估价师职业资格考试名师辅导用书系列》《房地产基本制度与政策考试攻略》等专业书籍。

在参政议政的道路上，他履职尽责，积极建言。作为广州市南沙区政协委员，丘文时刻关注经济社会发展热点问题，充分发挥专业优势，敢言善言，积极献策，提交了关于粤港澳大湾区的提案，以及全职业教育体制的提案，为专业服务业发声。另外，丘文积极参加特邀监察员工作座谈会，参与监察部门组织的在浙江、福建进行的对市民办事大厅的考察调研工作，针对如何创新制度解决当前招投标方面存在的问题，在完善政府采购、招投标程序方面提出了建设性意见。作为广州市人民检察院特约检察员，积极参与对广州市监狱等的考察工作，提出了科学而有针对性的建议和意见。

在担当社会责任的道路上，他乐于奉献，热心公益。丘文始终牢记“以人为本，责任立行，回馈社会”这句话，用实际行动参与公益、奉献爱心，积极承担社会责任。比如带领公司向从化区温泉镇灌村卫生院捐资添置医疗设备，为四川汶川等震中地区捐资捐物。面对2020年初来袭的新冠肺炎疫情，丘文呼吁员工在做好个人防护的同时，积极为抗疫一线捐资捐物。公司成功向湖北武汉等地的13家医院以及其他几十个防疫一线单位，捐赠了一次性防护口罩和KN95口罩、医用酒精、消毒液等价值百万余元的疫情防控物资。此外，疫情期间公司没有裁员，不仅按时发放工资，还大批地进行招聘，为社会提供更多就业岗位，弘扬了评估行业新的社会阶层群体的抗疫正能量。

团结就是力量，以新连心：汇聚新力量，共画同心圆

“2016年9月，广州市新的社会阶层人士联谊会正式成立，我们新的社会阶层人士从此也有了自己的家。对于有机会担任新联会的副会长，为推动新的社会阶层人士统战工作贡献力量，我深感荣幸。”说起自己的新角色，丘文非常激动。

作为评估行业专业人士，丘文一直以来非常关注专业服务业的发展。他回忆起2019年12月以广州市新的社会阶层人士联谊会副会长、国众联行政总经理的身份参加的广州市委统战部组织的穗港专业人士联谊交流活动，他说：“见证广州市新联会与香港专业联盟签订战略合作协议的那一刻，我深刻感受到了党和政府对做好新的社会阶层人士统战工作的用心、用情、用力。广州服务业发展空间非常大，香港专业服务业发达，穗港优势互补，相信通过交流合作，打造专业人士的创新生态系统，将会进一步为粤港澳大湾区建设提供高效优质的专业服务支撑。”

丘文相信，做好本职工作，带领好团队，多参与同行交流活动，可以保持自身对整个行业的热情。同时，从各种交流活动中也能感受到新时代赋予新的社会阶层人士的光荣使命，这让他更加坚定发展事业的信心和做好新阶层人士工作的决心。

潮头问答

你认为广州的创新创业氛围如何？

我本身就是客家人，在深圳大学读书，工作至今一直与广州紧密连接着。可以说，我也见证了广州这座城市很大的变迁与发展。我小时候是在农村长大的，那会儿房屋楼下全是田地，一周最多能吃上一碗白米饭，而且父母都是起早贪黑地劳作。而现在家家户户都奔小康了，这得益于时代的发展。广东省的发展一直处在全国的前列，特别是像广州，有很浓郁的文化氛围，包容性也很强，实际上不管从事什么行业，广州政策上的引导还是挺不错的，至少我认为广州是挺重视人才的。

如何看待新的社会阶层人士这个身份？

自从加入新联会之后，我有很强的认同感，感觉挺好的。新的社会阶层人士，我就是这样的人。可能在认同感上，有些新加入的企业或个人暂时还没有深刻了解到新联会存在的意义，但我认为这只是时间问题。当一个组织存在的时间越来越长，其发展越来越强大和多元化时，咱们团结一心的凝聚力就会更加突显出来。而且各行各业的人才聚集在一起交流讨论，在某种意义上，它是可以推动社会往正确的方向上发展的，反过来，我们会员单位也可以在其中看到自身存在的不足，这个就好比一面镜子，是双向的。

对新联会这个平台有哪些展望？

作为新的社会阶层，就一定要团结起来。中国的可持续发展，从大的层面看，需要我们对党和国家的政策了解清楚，并且要有同步的认知。团结更多的人，正确地去传达政策内容，好让每个企业都能紧跟时代的步伐，能够结合当下的政策去引导完善企业内部与外部的联结。新联会这样一个新型组织，其存在的意义是重要的，它相当于企业与党和政府之间的一个窗口，所以也希望未来新联会能将一些政策上的术语转化一下，针对不同的行业因材施教，提供能够便于听取的内容和便于实施措施。

因为我们处在这样一个日新月异的时代，互联网的声音太多，更需要有一个正确清晰的价值观引领。而每个人或每个企业的能力都是有限的，所以我们需要通过新联会这类组织，由上而下地去带动企业员工，慢慢地把正确的声音扩大。就像咱们国家扶贫一样，基本的要求就是村村通公路，通水通电，通过电商将更多农产品散播出去，帮助老百姓改善生活。试想，若是一个制度或政策出台，社会中坚力量不知其所以然，只会有碍于社会发展的进程。说到底，国家愈加自信，人民对生活才会愈加有信心。

（文/梁紫彤）

无论是做企业还是组织新联会，所有的东西都要落地为实。

丘育华

了妄为真，以实为基，扎根广州，直面未来

丘育华，广州市新的社会阶层人士联谊会副会长，越秀区新的社会阶层人士联谊会会长，广东省政协委员，连任第十三、第十四、第十五届广州市人大代表，华安达实业有限公司董事长，广州市总商会副会长，广州市民营企业商会执行会长。

丘育华先后获得“广州市第二届优秀中国特色社会主义事业建设者”“全国关爱员工优秀民营企业家”“广东省劳动模范”等荣誉称号。其所在的企业华安达实业有限公司自1996年创立至今始终稳健经营，为广州的发展以及国内的众多基建项目作出重大贡献。

作为地道的广州人，丘育华早年在东方宾馆有着令人艳羡的“铁饭碗”，从未想过“下海”创业。在一众伯乐的赏识与重用下，丘育华才被“推”着卷进了市场的风浪，开启了自己的创业人生。风风雨雨20多年来，华安达已经成为一个拥有以压缩机为核心，配备其上下游全方位产业链条的集团公司，并且仍在稳妥地向前发展。

从不因诱惑迷失方向，从不被妄念牵制脚步，从不对风险抱有侥幸，丘育华在创业过程中所做的每一个选择都是实事求是、有迹可循的。如今的丘育华拥有了更加丰富多元的身份，也渴望在更为广阔的层面上将自己毕生的才能在广州这片热土继续落地发扬。

备受赏识几番跳出舒适圈，抢抓机遇奋力扬帆建基业

1981年，高中毕业的丘育华通过公开招考，经过激烈竞争，在5000人中脱颖而出，进入了广州首家五星级国有宾馆——东方宾馆工作，以“铁饭碗”为起点开启了自己的职业生涯。5年时间里，丘育华在餐饮部接待了全国各地因活动来到东方宾馆的很多领导嘉宾，由于工作勤恳、服务周到、尽职尽责，丘育华积累了很好的口碑，也得到了一些领导的关注与认可。

这其中，当时的江门市委书记就向丘育华抛来了橄榄枝。恰逢侨乡开平水口镇开办的集体企业——广东开平侨声电子厂急需踏实能干的年轻人帮忙处理进出口业务，丘育华作为备受开平领导信任的不二人选，受到了多次的邀约与劝说，最终进入了进出口贸易领域，成为厂长助理。

广东作为改革开放的排头兵、先行地、试验田，尤其是在繁华的外贸商都广州，乡镇企业如雨后春笋，外资工厂纷纷涌入，无数不安于现状的人“下海”经商，侨声电子厂的进出口生意也顺势进展得十分火热。

丘育华往返于广州与开平之间，踏踏实实地做着收录机的电子制造与外贸业务。几年下来，丘育华所做的事情帮助企业赚到了不少钱，侨声电子厂的产值和税收也都在当地遥遥领先。靠谱的人品以及卓越的功绩令有关领导再次向丘育华委以重任，一个工业公司甚至贷款帮助丘育华创办公司。

得到支持的丘育华在1996年创建了华安达实业有限公司的前身——广州华安达贸易有限公司。丘育华坦言，自己在最开始“下海”的时候并没有完全脱离集体所有制的怀抱，尽管创立了公司，但对接的仍然是原来的业务，他本人也仍然坚守着那份机敏务实与勤勉认真。从承包广州开发区新纪元进出口公司的进出口业务开始，不到1年的时间丘育华就还清了借款，甚至还额外积累了创业的第一桶金。

20世纪90年代，各式家电开始在中国普及，每天面对五花八门的贸易项目，丘育华也在思考选择什么样的专业领域长期经营，才能让公司获得更大的发展。经过一番沉淀和观察，丘育华发现压缩机在制冷设备中居于核心地位，看准了外国品牌压缩机在国内的巨大商机之后，丘育华就与朋友一起代理了美国布里斯托牌压缩

机。一晃又是5年过去，丘育华逐渐了解到这个行业最好的品牌是艾默生，在他坚定不移的深耕下，华安达最终成为艾默生谷轮压缩机在中国的独家代理。

风风雨雨20多年来，丘育华所在的华安达实业有限公司仍然保持着与艾默生这个品牌的精诚合作，如今的华安达已经发展成为以代理压缩机为主业的综合实业公司。尽管艾默生在中国设立生产基地的时候丘育华将其设在了江苏常州的高新技术开发区，但是对于广州的故土之情还是让他坚持将销售总部定在了广州，并在2012年投入近亿元拿下珠江新城2000多平方米的写字楼作为公司的新总部，以示自己为广州的发展效力的决心。

沉心静气善待老员工，行稳致远巧妙转型

从东方宾馆的服务员到侨声电子厂厂长助理，到创办华安达贸易有限公司，再到公司发展壮大成为现在的集团企业，可以说丘育华在职业生涯的每一个重要节点都走得很顺遂。除了自身的真诚、智慧、恒心与毅力外，丘育华尤其感激时代赋予自己的机遇。他认为正是因为把握住了改革开放给予的最好的创业机会，才成就了今天的一切。

谈及个人以及公司的发展历程，丘育华也坦言自己遇到过很多的诱惑。但他并没有随波逐流，也没有因此而迷失，对于自身的定位和方向始终冷静、克制又清醒。丘育华只想在原始基业的基础上稳扎稳打，坚持健康且可持续的盈利模式，不愿在赚快钱的支配下失去对自身价值的主导。这一点尤其体现在丘育华对待工业用地转型改制的态度上。

作为本土企业家，丘育华不仅对广州有着赤子般的拳拳之情，能灵活地拥抱变化和新事物，而且还能够从容不迫地肩负起自己的责任与担当。从2000年开始，丘育华每隔5年就会入手一些工业用地和工厂，或对外出租或参与一些制造项目的生产，但随着国家经济形势的变化以及生产模式的转型升级，传统的工业厂房面临着被淘汰的局面。

丘育华深知时代趋势不可阻挡，无论是通过转移生产还是地产改造等形式，他

都希望自己的地皮能够持续地发光发热，继续为国家为社会创造效益。丘育华始终认为人的转型同工厂的转型一样，需要经历一个艰难的过程。如若将这些工厂直接转卖给开发商或者是外地的企业家，工人今后的出路是不可想象的。而自己作为本地人，对这个城市的感情无法单纯用利益来衡量，因此他愿意陪着工人经历转型的阵痛，并且还会拉他们一把，共同跟上时代的潮流。

丘育华就曾经将拍卖收购来的广州水泵厂转移到佛山南海生产，尽管接连几年亏了2000多万元，但是在养着几百名工人的过程中，他也在通过向餐饮、产业园等新的产业转型，引导着这些工厂实现功能性的改变，并且在托底工人失业补偿的情况下，引导着工人们自力更生寻求转机。丘育华表示，除此之外，广州白云的某块工业用地也已经被他改造成了一个类似批发市场的大卖场；以前的万里皮鞋厂，丘育华也打算将其改造成特色公寓，并借此树立广州城市居住的新理念，让大家以超高的性价比在市区租住到别墅或者是富有广州特色的房屋，为个人以及小微企业实现吃、住、行、赚一体化的“广州梦”提供条件。

丘育华认为，之所以这么多年来都能够保持发展优势，除了顽强的毅力和对广州独特的情怀，还因为自己掌握了很多项目的主导权，拥有健康充裕的资金流，也能够集成当下最新、最具有创造力的思维不断调整。而在这之中最为关键的，就是要将所有的一切转化成能够落地的、看得见摸得着的实体。因为丘育华坚信，只有从上到下布局的每个链条都是实心的，坚持下去才能收获丰硕的果实。

不疾不徐，沉稳有序，丘育华就是这样为自己的实业版图进行着转型发展的布局，紧跟着时代一起向前转动，与此同时还不忘带着工人们一起成长，这样的情怀与担当着实令人敬佩与感动。

致富思源扎根本土谋福利，回报社会勇做时代弄潮人

丘育华对广州的情义还体现在他对民生以及经济社会发展的关心上。拥有广东省政协委员、广州市人大代表、广州市新的社会阶层人士联谊会副会长等多重身份的丘育华始终以专注务实的态度为企业发展“充电”，为民生建言献策，为公益事

业出力，并且希望将自己毕生的积淀都奉献给广州，创造出符合自身特色甚至是令人惊叹的更大价值，从而更好地回报社会。

丘育华多年来坚持为扶贫济困、助学助残、抗灾救灾等公益项目捐资送温暖，每年还会在广州市人大会议上提出1—2件高质量民生议案，备受社会的关注与好评。

近年来，丘育华又在多个场合强调了区块链的关键作用，他认为区块链可以破解很多互联网经济的问题，弥补互联网经济的不足，并且其延伸性也可以在很多方面得到有益的应用。因为区块链最具优势的地方就在于信息的公开性和不可更改性，这样的特征能够保障多方参与主体之间的信息对称与公正互信。

丘育华说，政务服务已经凭借区块链技术实现了便民、简化，未来还有望在招投标项目上实现实时的进度追踪与更加公平的竞争，以有效地解决企业信用以及风险管理的问题。与此同时，丘育华最希望看到的是中小企业能够通过区块链技术获得更多资金流、物流、信息流等方面的资源，在他看来，只有打破区块链技术的“垄断”怪圈，令信息转化到实体中，转化为每个人都能对称使用的东西，原来集中的数字经济才会变成分散的数字经济，中小企业以及个人才能获得更多的发展机会，就业的问题才能得到更好的解决。

除此之外，丘育华的商业思维还帮助他在越秀区新联会的工作中走出了一条不一样的道路，为当地的新联会谋取了更多的福利。经费与成本对于任何一个组织来说都是老大难的问题，单纯依靠会费很难令会员产生长久的参会黏性。如何让新联会形成一个良性运转的机制，一直都是丘育华思考的突破点。

得知越秀区新联会的副会长在做儿童户外教育，丘育华敏锐地洞察到了新联会可以尝试的运营模式——以商养会。在丘育华对这个项目的投资下，新联会获得了一定的回报，更有余力推动了相关工作的展开，也让大家更积极地参与到新联会的发展与建设中来。

咬定实业不放松，从来稳健不跟风，致富思源情义浓，奉献社会心由衷。总之，在时代的激流中总能站稳脚跟的丘育华，还将在直面未来的更多挑战中发挥自己的更大价值。

潮头问答

你认为广州的创新创业环境怎么样？

广州自秦汉以来就是繁荣的商贸都会，从海上丝绸之路、港口建设、十三行再到后来的改革开放，广州延续了几千年的贸易基因，商贸发达，人才汇集，有着最为活跃的市场生命力，对于经济动态的反应向来非常敏感，城市发展在早期也优于上海和杭州。改革开放尤其为我们这代人创造了最好的机会，从赚钱的角度来说，当时的广州充满了各种各样的可能。作为较早投身改革开放市场大潮的一批人，可以说只要能把握住机会，我们就可以得到很好的发展，这是我一直都感到非常幸运的地方。现在的年轻人要想创业，成功的概率太低，试错成本太高，资金流转也很成问题。

广州营商环境在新一轮的发展中已经率先发力，包括政府部门牵头做直播，在荔湾老城区打造商务区，大力发展数字经济，等等，我也很期待广州能够实现新的更大发展。个人觉得如果能在区块链这块把握先机，广州的未来将大有可为。

你如何看待新的社会阶层人士发挥的作用？

我最初接触到新的社会阶层人士的时候以为只有律师、会计师等中介组织类人士，通过这几年的发展，我发现这个群体已经集聚了社会最优秀的人员，包括网络人才、动漫设计师等，而且这部分人是中流砥柱，应该起到先锋典范的作用，未来也要靠他们通过新的思维与行动引领更多的人转型上升到新的高度。

对于国家的发展而言，除了就业，消费也是至关重要的。以前大家为什么都迷信国外的产品，就是觉得国外的品牌质量好，但实际上很多东西的使用感差别不太大，没必要太追求这些，我们的消费观念仍然需要转变。像汽车就只是个代步工具，纯电动或新能源的汽车节省又环保；你去定制衣服，其实穿上就脱不掉了，定制的质感与舒适度并不会比大牌奢侈品差，还不用花那么多的钱。我觉得消费观念的转变也需要新的社会阶层人士更多地提倡使用国货，以平民化的消费去拉动经济高质量发展。

你对于新联会的相关工作有着怎样的思考与建议？

新联会优势很大，无论是从统战的角度、行业发展的角度，还是从人员构成的角度来看，如果每个人都想做点事情的话，是能干很多事情的。要把新联会办好，我提过3点看法，首先，工作人员一定要了解新的社会阶层人士，知道自己在做什么，秘书长尤其重要，能从新的社会阶层人士里选是最好的；其次，新联会应当引导大家进行思想上、行为上的改变；最后，新联会还应当有空间、有场地把自己发展起来。

（文/茉莉　图/千钧）

新联会位于广州这样一个改革开放前沿城市，有这么好的历史底蕴和城市氛围，有这么好的一群来自各方的优秀伙伴，真的可以大有作为。

王斌

繁木高拂必深根，心系疆土贡献毕生才情

王斌，广州市新的社会阶层人士联谊会副会长，广州市新的社会阶层人士联谊会注册会计师分会会长，普华永道中天会计师事务所（特殊普通合伙）管理委员会成员、广州分所主任会计师，广州市人大代表，广州市工商联常委，广东省粤港澳合作促进会会计专业委员会副主任。

王斌带领普华永道广州分所实现了多个会计师事务所的“第一”，个人也获得过诸多荣誉。2017—2019年，王斌先后获得“天河区领军人才”“2017年度天河同心人物”“支持党建工作(党外)合伙人”以及“第五届广东省优秀中国特色社会主义建设者”等称号。

身为归侨子女的王斌虽然多年在国外工作与学习，但她却是土生土长的广州人。低调敢闯的行事风格以及国际化的视野，在她身上融合沉淀了格外特别的气质。

身兼多种社会职务的王斌在牢牢立足自身专业的基础上不断伸展着自身的枝叶，纵使繁木高拂触凌云，也始终未曾忘记过自己的根系。王斌与时代同呼吸，与家国共命运，以眷眷之心贡献自己的毕生才情。

在经济的神经末端见证广州的沧桑巨变

王斌出生于广州一个归侨家庭，自幼就是“别人家的孩子”，品学兼优，聪慧勤勉，无论是在学业上还是工作上都出类拔萃，成绩斐然。1990 年考入中山大学管理学院，到 1994 年被普华永道录取为华南地区第一批员工，再到 1999—2003 年前往普华永道多伦多以及纽约分所工作、学习，对自己严格要求的王斌始终不曾停止奋进的脚步。

作为最早进入注册会计师行业的一批员工，王斌坦言，在专业机构工作的广州人并不多，因为注册会计师属于比较精深的、对职业素质要求很高的专项服务，显著不同于一般的生意经营。王斌笑称，自己还是承袭了广州人低调务实、开放包容的性格特点。

王斌说：“我很幸运，成长轨迹能够与改革开放 40 多年的发展进程基本吻合，而且从事的工作常年与企业打交道，更能深刻地体会和见证广州乃至中国的社会变迁。”从外资企业到大型国企，从民营企业到政府机构，普华永道的服务群体也不断拓展，业务类型越发多样。王斌参与其中，一路看着中国的经济从大到强，屹立于世界的舞台，并发挥着举足轻重的影响，“我的内心感到非常骄傲”。

对比国内外的发展，王斌认为中国的改革开放带来了极大的发展机遇，近些年互联网技术的普及、新经济的崛起以及在此基础上社会治理的进步，中国的一线城市的发展程度已经跟欧洲中等的发达国家非常接近，甚至在很多方面都做得更好。广州的发展尤其走在前列，为企业发展创造了难得的开放环境。

王斌说：“普华永道从环市路到中信广场再到珠江新城的三次搬迁也反映出了广州这个城市变迁的脚步，我的生活区域在这一过程中也从越秀区转移到了天河区。在这样一个经济发达、文化多元、移民也多的区域工作和生活，我感到每天的自己都很鲜活。”王斌还因此受邀参与了天河区 CBD 宣传片的拍摄，提供了广州人看待城市变迁的独特视角。

在王斌看来，广州的商贸基因自古已有，又一直是改革开放的先行者与排头兵，不仅整个城市的市场化程度高，具备吸引优秀企业和人才的资源与底气，也便于一些前沿商业模式的推动和落地，无论是从历史的角度还是从现代的角度而言，广州的发展都处于优势的地位。

以扎实的专业功底发掘行业的无限可能

作为注册会计师行业的领军人物，王斌对于自己的专业非常敬畏，总是能够持续产出卓越的工作成果。工作期间，王斌不仅多次前往东京、纽约、悉尼等城市培训学习，从未停止过对自己的严格要求，还带领普华永道广州分所打造出了多个“第一”。

2010 年，普华永道是国际四大会计师事务所中第一家迁入珠江新城的机构，成为进驻珠江新城的金融服务企业的先锋队。2013 年，王斌被委任为普华永道广州分所负责人，时至今日，广州分所依然保持着年均两位数的业务增长速度，是广州人员规模最大、服务产品最广泛和国际网络最发达的会计师事务所之一。

2016 年，普华永道广州分所作为商务服务业代表，入选第一批广东省现代服务业示范企业。同年，王斌牵头筹备成立广州市新联会注册会计师分会，并当选为首任会长。2016 年 12 月，王斌推动普华永道广州分所成立党组织，成为华南地区首家成立基层党组织的会计师事务所。而作为无党派人士的她，被中共广东省注册会计师协会委员会评为“支持党建工作（党外）合伙人”。

2018 年，普华永道与中国发展研究基金会合作联合发布名为《机遇之城》的报告，并与广州市社科院合作，把粤港澳大湾区作为重要章节引入该报告，为国内大中城市的发展提供了参照。王斌借鉴欧美等发达国家经验，在营商环境、企业发展等领域，为广州在提供市场化、专业化服务，实现专业服务成果的平台化创新方面提出了自己独到的看法。

扎实的专业系统功底，丰富的海外项目经验，敢闯敢拼的性格特征，让王斌除了为各种类型的企业提供专业的服务内容，切实解决企业发展过程中的各类难题，帮助中国企业“走出去”外，还尝试了很多富有挑战性的事情，并因此逐渐在自己的工作岗位上产生越来越大的影响力，甚至起到了强劲的带头作用。王斌认为，无论是在公司、组织，还是在某个团体中，领头人的作用都非常关键，这也是她一直以来对自己的严格要求。

王斌说：“注册会计师在整个经济发展过程中扮演的角色非常重要，企业的融资运作、规范经营、战略规划、风险控制、上市及走出国门等诸多方面都需要注册会计师的参与。”一般来说，经济越发达的地方现代服务业占整个经济生产总值的比例也会越高。尽管广州与香港这一国际化的金融中心在经济总量上不相上下，但是经济类专业服务的人数还是与之相差甚远，所以王斌也非常注重培育和提携区域内的财会人才，为高校学生提供各个行业战略项目学习的机会，助力他们成为华南地区财会专业人才队伍的中坚力量。

即便是在其他的社会职务工作中，王斌也会尽可能地将注册会计师这一专长发挥到极致。

2020 年上半年在广州市新联会，王斌就围绕知识型服务机构的定位在新冠肺炎疫情期间为中小企业推出了很多免费的线上课程，针对中小企业关心的免税、降费、补助等问题在什么条件、怎么申请、如何快等方面进行了具体的解答，不仅切实帮助企业解决了痛点问题，还借此深入调研了疫情期间中小微企业中的服务类企业对于政府推出措施的有效性评价，并形成了《广州市服务行业中小微企业调研分析报告》反馈到了人大、政府及统战三个层面。

王斌就是这样以专业所长为旗帜，挖掘行业的无限可能，也引领着自己开启一段又一段新的征程。

用完整的社会感知发挥更大的个人价值

在自身的本职工作之外，王斌还具有广州市人大代表，广东省粤港澳合作促进会会计专业委员会副主任，广州市工商业联合会、总商会执行委员会常委等多重身份，每一个身份都为王斌带来了新的体会，也让她立足自身的同心圆越画越大。

通过人大代表的身份履职，王斌获得了更加完整的社会感知。王斌坦言自己长期以来接触的都是业务领域范围内的小部分高精尖人士，从某种程度上来说对于社会的观察还是有所局限的，但是作为人大代表，能够触及的社会群体几乎遍布于广州各个角落，这让王斌感到自己感官的边界一下子就被打开了，身心也受到了巨大的震动。

王斌对于自己作为人大代表参与的一项流经城市河流治理项目的调研记忆深刻。在这条河流从白云山流经农贸市场，穿过不同的街道，最后流向珠江的整个调研过程中，王斌不仅与基层公务员，河流治理研究机构的相关人员打交道，还与环卫工人、个体户、拆迁户等社会群体打交道，王斌感觉自己从中更加完整地看到了社会的全貌——她关心民众的基本生活，为更先进的河流治污手段感到惊叹，向奋斗在前线的工作人员表达敬意，也更加认识到了自己肩上的使命与责任。

在广东省粤港澳合作促进会会计界别的相关工作中，王斌也会抓住机会与港澳的同行进行交流和探讨。王斌认为在同样专业背景下，大家的交流有着很坚实的共同基础和认可，并且依托粤港澳大湾区不同的城市背景、市场环境以及法律制度，通过交流彼此就可以在专业领域与社会话题上有很多的互动。国际化的视野以及超强的专业性令王斌在对外交流的时候能够拥有很高的接受度，她自己也能在交流碰撞中不断得到新的体会。

不同的身份交集让王斌很是感慨，她觉得作为一个个体，最开始聚焦的更多是自己的成长，并且这个成长的过程就像一棵树，在枝叶更丰富一些的时候，才可能有更大的能力覆盖到工作团队，覆盖到企业，等吸收更多的营养和阳光雨露之后，能覆盖更多社会上的群体了。在这个不断壮大的过程中，专业的本领是最基本的，企业和社会也会随着个人的发展而受到相应的影响，但唯一不变的，就是要深深扎根于国土，扎根于广州这片土地。

纵使繁木高拂触凌云，王斌也从未想过离开。永远心系疆土的她，未来仍将投入毕生的才情作出更大贡献，带着自己敢为人先、勇于尝鲜的基因再次迸发出新的活力。

身处注册会计师行业，你见证了广州怎样的发展变迁？

我自己长期从事跟经济发展相关的工作，个人经历恰好沿着这个时间轴，见证了这个过程，体会还挺深的。因为我们最早服务的是外资企业，到后面是国企，再到后面民营企业的比例也很大，最近整个服务群体里面还有政府，像城市发展、社会治理等方面的业务内容已进入我们服务的范围，这个过程跟整个经济的发展都是一脉相承的。

普华永道在广州搬迁的过程也能反映出这个城市发展步伐的加速。我们原来最早是在环市路，中间搬到中信广场，第三次搬迁就来到了珠江新城，我们是第一批进驻到珠江新城的企业，来的时候花城广场路面都还没有铺好呢，后来珠江新城就成为广州经济核心区域了。

你怎么看待新的社会阶层人士这个群体？

我在 2016 年被邀请加入这个群体的，身边人很多都问我什么是新的社会阶层人士。我们这本书就特别好，用活生生的人物例子去告诉大家什么是新的社会阶层人士。就像这个书名一样，“勇立潮头”的人实际上都是做过一些很勇敢的尝试，突破了很多的边界，也树立起自身影响力的人。不过其实我觉得我们也没有必要过早就把这部分群体定义成什么样子，或者说给它一个框架，我认为我们可以参考互联网的思维，也就是允许它进行某种程度的试错、不停地去迭代，以一种年轻鲜活的特征向前发展。

而且我们新联会位于广州这样一个改革开放前沿城市，有这么好的历史底蕴和城市氛围，有这么好的一群来自各方面的优秀伙伴，真的可以大有作为。在现在这个信息交互手段日新月异的时代，我们的确需要更多新的宣传手段和新的机制，去想一想怎么接受、融入新的社会组织，怎么发挥这些组织的社会作用，做好行业引领。

你参与新联会工作有什么感受，对新联会的工作有什么建议？

新联会把我们团结在一起是希望我们发光发热，能够把能量辐射到社会上，而且我们各有专长，可以合力去更好地服务社会。新联会里面的成员基本上都有很好的教育背景、很充足的社会经验，一起工作的过程中也会令我们接触的社会群体更广泛。

我们一直主张和在做的就是“多跨界，多交流，多活动”。注册会计师分会渴望跟其他的分会像自媒体分会、自雇自足分会等有更多的互动，因为现在很多人的知识和能力都蛮跨界的，所以我们也希望能通过和他们的交流更新我们的知识结构，认识更多不同背景的朋友。

我在新联会还是想首先利用好我们本身行业的特点，通过注册会计师的专长去做一些实在的事情，为企业和组织提供相关的财会、税务以及管理方面的服务，并且及时将我们发现、了解、调研到的问题，产出的见解反馈到相应的政府层面。除此之外，我本身在广州成长，耳濡目染地感受了国家的进步以及人民生活的变化，而且我在国外生活过很长时间，又在外资单位工作过，对西方国家奉行的价值观有比较深刻的认识，我特别希望可以做些什么让我们国家更多地“走出去”，我很愿意作为新联会的代表承担起这样一个桥梁的作用去跟国外的一些人交流。另外以我这样的专业身份去跟对方沟通可能对方也更容易接受。

（文 / 李桐　图 / 千钧）

强大自己，是解决问题的唯一方法。

吴卫国

吴召国

草根崛起，用微商点亮平凡生命

吴召国，广州市新的社会阶层人士联谊会微商分会会长，广州市花都区政协委员，直播电商、微商风云人物，广东思埠集团创始人、董事长，广东省电商协会社交电商专业委员会主席，花都区工商联副主席，吴召国慈善基金会发起人。作为中国面膜民族品牌领导者“天使之魅”“黛莱美”的缔造者，吴召国被媒体称为“中国微商第一人”。

广东思埠集团于2014年由吴召国创立，第一年就实现了5个看似不可能的目标。在群雄竞逐的互联网时代，思埠总能以震惊业界的速度极限成长。

第一个以正规企业的名义进军微商行业，第一个通过微商营销突破50亿元销售额，第一个提出微商和微商团队的概念，吴召国和他的思埠成为微商时代的引领者和先行者。从没有退路地走向创业，到帮助万千“草根”通过微商零门槛创业致富，吴召国的创业故事被中央文献出版社录入《思埠崛起——吴召国的微商时代》一书。

“强大自己，是解决问题的唯一方法。”没有人比吴召国更加懂得草根之痛。高考落榜，从社会最底层打拼至今，吴召国从不避讳自己的出身，而是用行动创造出来的成就，用一贯为人处世的真诚，用深情关怀社会的正气，为草根崛起作出了最好的表率。

于广州再出发，拼搏铸就时代奇迹

吴召国第一次来广州是参加总公司的颁奖晚会，那时的吴召国在化妆品行业已经做得风生水起，在山东做到了全中国代理商第一名的业绩。当大家都沉浸在接受奖励的兴奋中时，吴召国的内心却颇为不服：凭什么别人给我颁奖，我就不能给别人颁奖？带着这样的志气，吴召国在2009年投入自己的全部积蓄，成立了广州众美国际有限公司，在广州天河开办了一家工厂做欧蒂芙品牌的全国总代理。

三年的时间里经历了各种起起伏伏，吴召国敏锐地发现，不少用户的消费习惯都逐渐转移到了淘宝网站上。通过对淘宝运营之道的熟练应用，参与录制嗨淘网与湖南卫视联手打造的节目《越淘越开心》等方式，欧蒂芙很快就做到了电子商务里丰胸领域的第一。

在激烈的竞争中，吴召国遭到了竞争对手的严厉打击，欠下大笔债务，而后吴召国很快将视线转移到了微信上。由于积累了很多顾客资源，微信的应用也得到了大范围的普及，吴召国开始在微信朋友圈销售化妆品。预测到这是一个很大的商机，吴召国成立了思埠集团，与其他两位创始人一起在广州和佛山交界处一个小区的地下室里熬日子。吃住都在地下室，疯狂努力了3个月后，思埠拥有了自己的一层办公室。8个月后，思埠就搬到了现在广州花都迎宾大道13层高的思埠大厦。

搬到思埠大厦对于吴召国来说只是一个开始。接下来他要一步步将广告打到央视春晚，邀请一线明星代言产品，做一家上市公司。尽管名不见经传的思埠当时提出这些目标在外界看来是天方夜谭，吴召国却从来都很认真。作为一个目标感特别强的人，吴召国认为："梦想太远了，只有目标会让你在没有完成之前非常紧张，因为目标是能够靠近，也很完整的。直到今天我仍然还有自己的小目标。"

接连邀请4位一线明星代言；入股中国本土第一家在新三板上市的日化企业幸美股份，成为准上市公司；携手思埠代言人秦岚、袁姗姗、林心如于央视羊年春晚给全国人民拜年。短短一年的时间里，吴召国不仅实现了当初立下的全部目标，甚至还将注册资本从50万元翻到了1亿元。

李克强总理2014年在夏季达沃斯论坛上的致辞掀起了"大众创业""草根创

业”的浪潮，新媒体也在此时被推上了风口，微商正是在这样的土壤中孕育而生。思埠能够在此期间紧抓机遇、快速腾飞，不仅是吴召国在化妆品行业十几年历练出来的营销策略以及对时代趋势的精准判断，更在于他没有退路地舍命拼搏。

在吴召国看来，微商就是存在于细微之处的商机，只要有一部智能手机、人脉和朋友圈就足够。虽然吴召国不是最早接触微商的人，但他却是最早摸透微商的商业模式，将微商规范化、集团化，将微商之势推向高潮的人。

英雄莫问出处，不畏命运强力回应现实

在风光无限的思埠背后，是对目标专心、对自己狠心、对行业用心的吴召国。没有光鲜的履历也没有显赫的背景，吴召国一路走来的辛酸是常人无法想象的。在思埠总部的一楼，印刻着“强大自己，是解决问题的唯一方法”这样一句话，不仅承载了吴召国坎坷的成长历程，更是他不畏命运的绝佳反击。

吴召国来自山东临沂的农村，从小贫穷就烙印在了他的身上，反复磨炼着他。原本想通过读书改变命运，但学习成绩优异的吴召国由于心气太高，无缘报考的顶尖学校。深受打击的吴召国一度非常自卑，“当时班里57个人，只有3个人落榜。这让我严重怀疑自己的智商有问题”。

落榜之后的吴召国带着极大的心理落差走进了社会。在面试了30多家企业全部遭遇拒绝之后，19岁的吴召国进入了化妆品行业。凭借着在化妆品推销岗位上死磕到底的毅力，吴召国每天都像上了发条一样，从早上5点到晚上11点跑业务，半年的时间用脚丈量了整个胶东半岛。在此之后，吴召国先后得到机会负责山东市场，还成立了自己的公司，但年少轻狂的失言以及利益上的分歧却又让吴召国重新跌回了一无所有的状态。

不服输的吴召国最终再次振作了起来，前往北京继续化妆品事业。2009年，吴召国迎来了事业的爆发期，也是在这一年，吴召国南下到了广州。

广州彻底改变了吴召国的发展轨道，他不仅在广州认识了鼓舞他做大事业的合伙人，还在广州真正成长到了人生新的高度，更是在广州成为“微商第一人”，找

到了个人与时代机遇结合的最佳交汇点。

刚来广州的吴召国对这里的印象就非常好，大城市的繁华让他感觉自己的事业能够得到进一步的发展。此外，广州作为化妆品之都，80%的上下游产业链都聚集在此，这同时也给予了化妆品企业得天独厚的成长环境。

吴召国接连与中国美容“第一美人”郑明明所在的CMM集团达成战略合作；打造“互联网＋微商”孵化基地；自2017年开始举办思埠社交电商节；2019年在5年的发展基础上又推出了重新定义社交电商的未来集市，帮助传统企业盘活销售渠道。思埠也获得了“2015年诚信微商十大品牌”和“微商指定教学基地”称号，并在2016中国互联网大会上荣获“2016年度影响力企业奖”。

对于吴召国而言，他希望能够感染更多的年轻人达到这样一种状态——无论何时回头看自己来时的路，那些汗水沸腾过的青春都能让我们骄傲地说：你或许还只是原来的你，而我却早已超越了自己。

汇聚个体力量，心怀大爱创造美好社会

自2013年提出“微商”这个商业模式后，吴召国就决定要参与中国微商从无到有的过程，参与微商规范化的过程。在用民族品牌打开国内的下沉市场之后，吴召国坚定地将思埠往平台体系的方向打造，致力于改善更多人的生活，将活力注入每一颗奋进的心脏。

为了使微商行业能够获得长足的发展，思埠从成立的第一天开始就是正规合法的纳税企业，而这也是思埠被称为“中国微商第一企业”的原因。“因为企业在为当地经济作贡献，所以每次遇到困难的时候，党委书记、街道办主任，都会给我们极大的支持”。除了和谐的政商关系，思埠发展的眼光也始终看得很长远。吴召国坚持认为，微商要持续盈利，必须建立在产品品质与品牌的基础上，建立在终端零售的基础上。为此，吴召国不惜花费很大的成本买断了欧蒂芙奇迹面膜的原料配方，后来又斥巨资买下全球知名的无纺布、蚕丝纸等工厂以保证产品质量，树立民族品牌以及微商的正面形象。

面对微商遭受的铺天盖地的负面报道，吴召国也一直在为万千微商从业者挺直腰板获得社会认同而努力。除了用实力证明自己，吴召国还在2015年3次跑到商务部和国家工商管理总局，希望为微商正名，他抓住一切机会让更多的主管部门了解微商，让微商帮助更多的百姓实现创业梦；2016年3月7日，思埠还对微商进行了商标注册；2017年，吴召国本人更是参与到商务部《社交电商经营规范》的起草工作当中。

看着2014年中国微商专委会成立，2015年11月《关于加强网络市场监管的意见》首次明确提出将微商纳入监管，2018年6月微商行业被纳入电商从业者范畴，2020年《关于支持新业态新模式健康发展 激活消费市场带动扩大就业的意见》提出支持微商电商、网络直播等多样化的自主就业、分时就业，吴召国对于微商得到国家层面的认可和越来越规范的管理感到欣慰和振奋。

2014年就来到广州花都的吴召国，现在对广州的发展有着更大的期待。早几年的时候微商发展形势不明朗，花都错过了打造微商之都的机会。但在2020年，广州第一个推出直播带货节，近年来花都也积极拥抱直播经济，紧紧围绕“直播电商名都”的目标，按照“一年见成效，两年上台阶，三年树品牌”的要求大力实施直播电商带动网络零售“十百千”倍增计划。2019年，花都还在全市率先举办了电商直播节，成立了电商学院，为新消费、新电商蓬勃发展提供支撑。思埠在2020年深度参与了广州的直播带货节，并且希望在整个粤港澳大湾区打造国内最大的直播电商孵化中心。

“我们不敢说做中国最成功的企业，但一定要做中国最有爱的企业。”吴召国对微商行业的大局观包含着他对普通群体的深切关怀。吴召国主持开设免费的微信营销课程，帮助家庭主妇、残疾人、下岗职工等群体构建底层思维，零门槛传授他们赚钱的技能。每天至少6个小时的课程量，吴召国一坚持就是3个月。在吴召国的影响下，草根崛起的奇迹每天都在上演，收入百万元、千万元的微商大量出现，感谢信每天都在向吴召国飞来。看到自己的努力切切实实地改变了普通人的命运，吴召国比赚到钱的人都更加开心。

秉持着“爱人如己”的企业文化，思埠自2014年成立发展至今，已经在全中国有了1000多个义工团，散布在各地的敬老院、孤残院。吴召国每年也都会回家乡做公益。为了更系统地进行公益事业，吴召国还在2018年成立了中国社交电商企业首家非公募慈善基金会——广东省吴召国慈善基金会。2014年8月，云南鲁甸发生6.5级地震后，思埠当即就捐助了100万元。

如今的吴召国更多了几分收敛与克制，希望带领思埠更加沉稳地走下去。“时间带给我的最大财富，就是无论遇到再大的事情，我都不会再焦虑了，都能睡得踏实。这在30岁以前还挺难做到的。”

潮头问答

你如何看待广州的创新创业环境？

广州的创新创业环境我觉得在中国是排名第一的，如果不是在广州，我的企业也成长不起来。如果企业在北方的话，可能早就活不下去了。广州给了企业创新发展的空间，很包容。一切新鲜的东西，只要没有本质性、原则性问题，就能在广州得到成长，很多企业都是这样做起来的。而且广州现在创新创业的环境越来越好了，广州是第一个推出直播带货节的，从市长、市商务局局长到各个区区长都开始做直播，这就是敢为天下先。

我觉得广州在直播电商这块应该会跟杭州并驾齐驱。直播带货不再完全是以淘宝为中心的直播电商，它是去中心化的，所以广州的机会特别大。据我了解，全国50%以上直播带货的网红全部聚集在广州，再加上供应链比较好、政府大力支持，广州的发展不会次于杭州。

对于新联会，你有怎样的认识？

我感觉这个组织是很有活力的。微商这个领域的优秀人士是有很多的，以前微商蒙受了太多污名，随着行业越来越规范，微商现在慢慢得到社会各方面的认可，这部分人作为新的社会阶层人士，能发挥的作用是很大的。

你对新联会的未来有哪些思考？

我正在慢慢地参与到一些工作中。这个组织汇集了很多走在前沿的人才，也给各个不同行业的人提供了很好的交流机会，从统战和个人层面来讲，都能让大家产生归属感，并且还能在方向上给出科学的指引，未来一定是大有可为的。

（文/李桐）

我的愿望还是解决问题，能够推动社会一小点一小点地进步。

胥柏波

做不同体系间的桥梁，推动社会稳健进步

胥柏波，广州市新的社会阶层人士联谊会副会长，网易游戏公共事务部副总经理，广州市政协委员。1989年生于四川，2012年毕业于暨南大学新闻系，曾在《南方日报》担任突发和内参记者，推动过多项公共事务的解决。

多年的记者生涯培养了胥柏波与不同背景的人们打交道的能力，而如今在网易推动电竞事业，也让他对一项产业和城市的结合有更深刻的认知。胥柏波一直以来的愿望，是做桥梁，做不同群体之间的润滑剂。新闻系出身的他带着解决问题、推动社会进步的愿望，从一件件小事开始，越走越远。

震后参加高考，感受广州的温暖

胥柏波的家乡在四川，2008年高考前夕，他亲历了汶川地震，睡了一个月的帐篷，在余震中上课，在板房高考。高考过后，胥柏波的高中同学都散落在长江以北的城市，他从未想过会来广州，当时他已经准备读计算机、物理、核物理、电力等专业，却抱着玩的心态填了提前批的志愿，就这样误打误撞读了暨南大学的新闻专业。暨大的新闻系全国闻名，但是胥柏波作为一个理科生根本不知道，想争取转专业，同学说："你疯了吗？"他就留下读了新闻。

胥柏波的新闻嗅觉，源于从小就有的信息焦虑，小学时他就喜欢看球，特别喜欢观察报纸的评论方式，后面渐渐养成看报纸的习惯。高中的学习环境相对封闭，要掌握信息，胥柏波每天都去报刊亭。他如今微博上关注了将近2000个账号，时事、财经、体育、文化类居多，形形色色。

胥柏波在北京奥运会开幕前两天拿到暨南大学的录取通知书，大学老师给他打电话，说他属于灾区特别照顾人群，有绿色通道，来广东读大学免3年学费，到了大学之后还发现所有生活用品都准备好了。这是胥柏波第一次被广州这座城市感动。

当时广东电视台采访同样到广州求学的胥柏波的高中同学，她在地震中失去至亲，节目播出后班主任收到无数来自广东好心人的电话，询问还有哪些学生家里面受灾了。有很多好心人给她提供帮助，后来她也因为媒体的报道改变了命运。胥柏波第一次感到广州的社会非常温暖。他也喜欢广州的天气，不像四川的冬天，一个月都看不到太阳，已经习惯阳光的他毕业后留在了广州。

做一座推动事情解决的桥梁

来到《南方日报》机动部工作时，胥柏波在前线报道过甘肃地震、云南地震，他每年至少跑两三个台风或水灾新闻。胥柏波说，报道自然灾害虽然辛苦，但每一次的经历都非常难忘。

在《南方日报》工作的三年时间给胥柏波留下了深刻的社会感知。许多时候遇见民间纠纷，胥柏波懂得如何与情绪激烈的当事人沟通，当他们知道记者能传递信息后就会更加信任。做记者需要冷静，客观记录现场的东西，感受不同的人、不同的事，胥柏波很享受这个过程。

当时《南方日报》的实习生特别多，都需要自己找选题，选题通过了就可以去做。所以几十个实习生每天不停地报题，通过率却很低。胥柏波说假如有一个选题成功了，回学校那一段路就会走得格外轻快。他喜欢新奇的题，能够见到不同的人，他对记者工作始终非常热忱。

做记者让胥柏波有了很多机会去了解整个社会，见到许多人的痛苦，见到很多社会矛盾，当时胥柏波的立场很简单，希望通过报道，推动事情的解决。哪怕只是很微小的进步，对当事人来说都难能可贵。

胥柏波的记者履历不仅积累了一套观察现实世界的方法，而且对网络世界也有了入微的观察。他说自己有“信息焦虑重症”，非常渴望得到很多最新的信息。

胥柏波曾写过一篇稿件，最初只是报道出来一个现象，没想到最终的影响很大，出乎他的意料。一天早上胥柏波看新闻时发现一篇关于一对“90后”情侣闹情绪后把孩子卖掉的案件的报道，通篇写他俩的纠纷，其中提了一句话，两人在网上找了一个收养网站把孩子给卖掉了。那一句话引起了胥柏波的注意。他当天就找了一个师妹在网上搜相关的QQ群以及相关的网站，并且让她卧底进去，后来两人一起写了篇稿子，没想到之后外地媒体极为关注，央广网等媒体跟进了报道，甚至上海东方卫视还邀请胥柏波参加节目。

事情过了快一年，公安部发布重磅新闻，称捣毁了几个网络收养儿童的网站，解救儿童1000多人。胥柏波发现那就是他最初发现并报道的事，他说：“当时谁会知道一步一步可以这样发展，没有人知道当时新闻是我写的，但是这个无所谓，事情解决了我很开心。”

打造电竞之城，展现广州城市风采

胥柏波结束了《南方日报》的工作后去了今日头条，再在网易做公共事务部门副总经理。胥柏波在今日头条主要负责联络政府关系等工作，与记者的工作相比，表面上看差别很大，但本质上都是做与人沟通的工作，打通两个舆论场，打通两类人的话语体系。

以前做内参记者时是把老百姓的生活写给领导看，偏重于写，是沟通的桥梁，担负社会责任，解决社会矛盾。现在是做企业和政府以及媒体和公众的润滑剂，让大家互接地气，彼此理解。

每个公司内部有自己的文化和话语体系，记者生涯让他接触了大量不同阶层的人，他和属于各类话语体系的人都聊过，因此在这个岗位上，他能熟练地将公司内部话语体系和外面话语体系做一个连接。

互联网公司不了解政府机制，政府的人也不了解公司的做法，胥柏波就作为中间的桥梁，转换双方的话语体系，使双方都能够懂对方在干什么，懂得对方的需求，提升了沟通效率。

在网易的工作除了联络政府关系和媒体关系以外，他还关注这两年比较火的电竞事业。曾有报道说要把广州打造成一个电竞的产业中心，这正是胥柏波推动的。

如今所有网易打造出来的电竞比赛，胥柏波都会要求在比赛开始前播放广州的城市宣传片，向全球直播。胥柏波说："既然选择了比赛落地广州这里，那我们就要和这个城市更加紧密地联合在一起，其实很多事是我们主动去做的。"就这样，胥柏波又成为一座在电竞舞台上传播广州文化的桥梁。

胥柏波说："电竞的未来一定会超过现有所有的运动。"他喜欢实况足球，大学时常通宵玩这种对抗性游戏。虽然以前没玩过网络游戏，但是现在从事游戏行业的工作，胥柏波仍找到了与大学时相似的热爱。

胥柏波进入网易之后用心把电竞赛事和政府的产业规划深入绑定，使双方一起把这件事做好。

除此之外，胥柏波还很注重维护行业秩序。2020年5月，胥柏波在政协广州市十三届四次会议上提议加强游戏产业知识产权服务。他特别指出问题的严重性，这涉及整个公司的安全运营，几亿元或几千万元研发一个新的游戏出来，但很快被人抄袭，这样市场就会混乱，注重原创的游戏公司面临倒闭的风险。就算提起诉讼，也要两年后出结果，到了那时判赔多少钱都没有意义。

和广州的缘分越来越深

胥柏波做记者常年跑一线，对广州这个城市也有了更多了解。比起家乡四川，胥柏波更了解广东，广东的县（区）他至少跑了百分之八九十，而且经常会去到偏远的地方。

走遍南粤大地，胥柏波变得越来越了解广东各地风土，他算了算，好像只剩粤北的几个山区的县没去过了。

记得他刚入职的时候，就去了梅州一个偏远镇，路过一座桥，看见了一块很大的石头，当时想这辈子可能再也不会来这里了。两年后他跑水灾新闻，在一条很偏僻的路上走的时候，越发感到熟悉，再往前一看，又看到那座桥，他顿感时间飞逝。

胥柏波也见证了广州的成长。参与到一个城市里面就会有参与感，对这个城市就会有更多的了解。2010年的暑假他去《南方日报》实习，也做了广州亚运会新闻志愿者，主要负责收集媒体的报道等后勤工作，他也因此见证了一些幕后的故事。

胥柏波真正融入广州是在工作两年后，对于他来说，这个城市不断帮助他成长。广州确实给了他很多机会，从《南方日报》开始职场启航，又进入今日头条，后来在网易大展其能，他一直在不断地提升。

胥柏波与天河体育中心缘分深厚。2010年广州亚运会，胥柏波就在天河体育中心当志愿者，作为一个球迷，胥柏波经常到那儿去看比赛。

如今入职网易，自己组织电竞比赛，也经常需要回到天河体育中心。10年前做广州亚运会志愿者工作的小房子已经成了亚运博物馆，而如今推动电竞比赛，胥柏波牵头洽谈的许多会议也在亚运博物馆里。

经历那么多风雨，胥柏波说自己是一个乐观的人，因为渐渐事情见多了，每一件事都能淡然面对，每一件事都会过去。

回过头望自己走过的路，胥柏波说：“我的愿望还是解决问题，我们能够推动社会一小点一小点地进步。就像在政协一样，提案能不能解决一个具体的小事情，我不会一开始就有特别宏大的愿望。饭要一口一口吃，路要一步一步走，做事情需要一件小事一件小事去做。”

胥柏波在广州12年来生活得平静而顺利，走得比很多同龄人远，因此对广州这座城市始终心怀感激。

潮头问答

你在新联会有哪些难忘的事情？

最早的时候，参加2016年第一批新联会的培训班。新联会当时要找到互联网人士挺难的，广州的互联网公司就这么几家，大家圈子里面都很熟，我就建议做活动，策划了“羊城e家”，前两年的每一期节目都是我去邀请嘉宾和观众、找场地。这个品牌目前是全国所有新联会里最知名的品牌之一，从品牌到策划到活动执行都是我一手做起来的。新联会从一个活动已经发展到现在很多品牌活动，我觉得挺好的。当时为了成立自媒体分会，我还建议邀请了业内领头的黎贝卡。

你对新联会有哪些建议？

我个人感觉是现在已经挺好了，虽然这项工作广州已经走在全国前列，还是有进一步拓展的空间，需要更多地扩展到更多新的领域。互联网其实有很多细分领域的，有电商、有新媒体、有直播、有游戏、有电竞，从各个细分领域再插入进去，就会越做越深。

你对新联会有哪些展望？

希望能够聚集更多的新的社会阶层人士，然后做出更多的有趣的活动。新的社会阶层人士其实就是随着经济的发展出现了一个新的群体，这个群体特别庞大，又特别有活力，特别是在一线城市，他们是一个社会的中心阶层，能够把这些人聚在一起是很有意义的。如果能够进一步地发挥他们的作用，推动城市的发展，推动社会的发展，或者是解决一些什么问题，那就更加完美了。

（文/余晓璐）

通过新联会平台，我们可以系统规划，传递正向、积极、有意义的信息，来更好地达到教育下一代的作用。

杨碧霞

热心公共事务，从城市代言到躬身入局

杨碧霞，广州市新的社会阶层人士联谊会副会长，番禺区新的社会阶层人士联谊会会长，广州市政协委员。

在广州这片热土生活20余年的杨碧霞，已然把广州当成故乡一样的存在。从1995年来广州读书到留下来工作，杨碧霞的境遇使她更像是被广州这座城市所选择的人。如果说城市应该用某种资质来筛选属于她的人们，那么被留下的人无疑是幸运的。然而，幸运之上是努力，偶然之下有必然。

6年的旅游业岗位做出骄人销售业绩，获得美国IDG资本（技术创业投资基金）加持在广州创业5年，从全职妈妈华丽转身加入纳斯达克上市公司，独当一面负责集团公共事务，2014年加入欢聚集团（YY直播）负责公共事务，2018年升任副总裁，2020年4月辞职。如今受聘担任番禺区高级招商顾问，杨碧霞的广州旅程可谓精彩纷呈。

广州作为国家中心城市，基础好、条件优，也是能干成事业、成就梦想的热土，杨碧霞说，作为新的社会阶层代表人士，未来，她将继续不遗余力地利用自身资源，投身到广州的经济建设中去。

亲密接触25年，成为“城市代言人”

初中毕业考上广州司法学校，是杨碧霞与广州的初次邂逅。1995年的广州，在她看来既陌生又不太友好。她讲起最初来广州上学，16岁的哥哥送15岁的她过来，仅余的回程票款却在广州火车站被黄牛卖了一张假票，本来不太宽裕的经济条件加上陌生的城市，让她对广州并不是“一见钟情”的。

谈及读了法律却进入旅游行业，她坦言起初纯粹只是为了谋得一份工作分担家庭负担。但即使如此，当年加入旅行社也是有条件的。经过笔试、面试，100个人中仅挑选1个人留下。在几百人的面试中，杨碧霞凭借良好的外在条件和优秀的沟通能力，得到了人生中的第一份工作。

从1999年开始，这份工作她一干就是6年。其间，从基层的员工到高管，她几乎把旅游业所有的职位都干遍了。起初做着最基层的销售员，很快她凭借突出的业绩升职为销售经理，然后一路顺遂升到销售总监。2005年离开旅行社前夕，杨碧霞已经是广东中旅和香港永安合资的一家子公司负责电子门票业务板块的销售总监，那时候互联网还未像现在这样盛行，公司的商业模式是把现在的电子门票打印成为纸质门票，对客人进行门票预售。“这一模式当年虽然只有少量景点和电影院接受，但也通过长隆、香港各大景点的合作做出了体量。”杨碧霞说，这也算是第一次和互联网结下了一种冥冥之中的缘分。

如果当初广州对于她是陌生的，后来在工作中和广州相濡以沫6年，她对广州的印象已完全改观。作为第一线的宣传者和见证者，她领略过浓郁的岭南西关文化风情和粤剧艺术，品尝过丰富精美的广式早茶，时刻感受着这座城市务实真诚又活力蓬勃的内在。能够在一份职业中承担“城市代言人”的角色，杨碧霞觉得很有意义。

幸得贵人资助，开启广州创业之路

在正式决定离开中旅的时候，新的工作机遇主动探访。因为这些年耀眼的工作业绩和良好的职场人际关系，杨碧霞和另外两位同样优秀的同事得到了资本的青睐，美国IDG资本合伙人杨飞和周全，在跟他们团队聊过之后，2005年投资了100万美金，开启了她的人生第一次创业之路。这一年，杨碧霞不过25岁。

谈及此事，杨碧霞说这可能和自己的个性有直接关系。她最大的优点就是有较强的沟通能力和坚持到底的干劲，干一行爱一行，要做就做最好。在杨碧霞看来，和人打交道是擅长而轻松的事情，“打交道绝不是一种表面形式，让对方认可你的产品、公司品牌、说的话或做的事，追根溯源还是对你整个人的认可”。这一点名副其实，在短短的交流中，杨碧霞身上流露出了浑然天成的舒适和坦率，让人不自觉地亲近和放松，说到共情之处她更是爽朗地放声大笑。最高的情商是让人觉得舒服，杨碧霞很好地诠释了这句话的真意。

创业并不是容易的事，无论在哪个年代，能够创业成功的人都具备一定的性格特质。从第一份工作的选择——出于自强自立的责任感，杨碧霞性格里大女人的理性和务实彰显无遗，“我做事情一定是结果导向，经由结果再倒推达到目标需要具体做到的事情；而且我一定是干一行爱一行，不热爱的话就是我离开的时候了”。

就这样一鼓作气，创业5年之后的2010年，杨碧霞结束了这次的创业状态，开始了全职妈妈生活。回归家庭的4年时间里，她无缝连接，毫无违和感地从女强人直接进入了家庭妇女角色，并出色地把自己两个孩子教育得积极乐观。

恰逢其时加入YY，躬身入局反哺广州

被好运青睐除了需要个人的努力和积累，还需要贵人和机缘的加持，所谓天时地利人和俱足，无论是第一次创业还是加入YY，杨碧霞的好运气都颇有这种意味。从4年全职妈妈生活到重回职场，源于IDG合伙人杨飞再次联系她。杨碧霞说，她一直很感谢这位贵人，在她人生最关键的时刻总是出现，鼓励她重新出发。但已是两个女儿妈妈的杨碧霞优先考虑的是要能够有余力照顾家庭，创业显然不是最优选择。

2014年，机遇再次光临，这一次是李学凌让IDG合伙人杨飞帮忙物色YY公共

事务的负责人。最开始，杨碧霞很是随缘，她听到杨飞提及YY，回了一句没听说过，我不去。其实，那时候的YY已是广州为数不多的在纳斯达克上市的互联网企业之一，听了杨飞的一番介绍，跟创始人李学凌见面聊完后，她欣然答应，此后便开启了一段6年的新旅程。

在外人看来，杨碧霞加入YY似乎轻松自如，但细细追溯，这源于她之前积累了的良好因缘——出色的工作业绩赢得的“贵人运”、让人感到舒适的交际魅力，以及回归家庭期间积极参与家族事业积累的行业经验和见识。机会总是留给有准备的人，积累了良好因缘的杨碧霞重回职场是水到渠成的事情。

作为公共事务角色进入YY这样的头部互联网企业，也许不用像技术岗那样完成明确的KPI（关键绩效指标），但也需要快速融入企业，尤其是传播品牌这样看似务虚的工作，更需要务实的多方面积累支撑。杨碧霞说自己最初进入YY更多是仰赖自我的驱动和学习来快速融入。任职期间，她为YY带来的荣誉和资金支持在广州互联网行业位居前列。说到这一耀眼的成绩，杨碧霞说这是她身上大女人个性使然，在每一个岗位全力投入，尽自己的能力去做好每一件事，一切好的结果自然就会如期到来。

她一直认为，所谓的情商并不是与生俱来的，而是随着与不同人的接触逐渐成熟和完善的。秉持一种轻松自如的心态和人相处，不必纠结太多，及时复盘不足然后改进即可。

对于部门同事，杨碧霞严格但不严厉，尤其对个人业务能力成长方面要求极高。“我在这方面比较用心，这样的要求不仅是为了培养他们独当一面的能力，也是为了让她们习得职场生存和发展的硬核能力，这样无论去到任何企业都可以快速胜任。”对于坊间流传的互联网大公司女性令人咋舌的繁忙，杨碧霞看得很通透，“任何一个企业都有自身的属性，天下事唯快不破，互联网企业性质就是这样。相较其他形态的企业，互联网企业节奏快速，产品节奏都是跟随着用户和市场的步伐随时更新的，一个产品从诞生就开启了后续进阶版本的升级和迭代模式。因此，这种特质就需要身处其中的人员具备随时更新的意识和创新的思维，既然选择了就要适应。”

对于每一个现代人，职场焦虑几乎是常态，身为互联网女性这种状态有时候尤为明显。“焦虑未必全是坏事，它也可以是一种能量，让人更加具有创造力和专注力，以及更强大的适应能力。当然，每个人都需要自我了解，明确当下自己最需要的是什么，不同的企业各有利弊，比如YY这样的互联网大企业能够提供的资源、学习的机会和体验的广度、深度都远胜于一般的企业。如果实在无法适应这样的节奏，可以考虑去和自己性情匹配的慢节奏企业。”

杨碧霞说，时常会有女性同事因为加班受到家人的质疑，向她请教解决方法，她都会在了解情况后合理调整同事的工作时间，让她们自主选择方便的加班时间，或者酌情规划部门的整体工作。“总之，明确自己的人生优先级和充分了解自己目前的需要是很重要的前提。”杨碧霞对自己的选择一向清醒和笃定，她也会把这样的态度传递给部门的同事。

至2020年，杨碧霞在YY度过了人生的又一个6年。回望这些年，她几乎每一天都被各种事务包裹，无暇顾及事业之外的生活和未来打算。她强烈感觉到自己的生活需要新的方向，深思熟虑之后，她向董事长李学凌提出辞职。至于未来的规划，杨碧霞需要一些思考，她相信自己做好了准备，机遇会适时出现。眼下的生活很享受，放空自己，锻炼身体，陪伴家人。

通过YY的平台，她获得诸多机遇看到更多面的广州，YY的文化和广州这座城市一脉相承。落其实者思其树,饮其流者怀其源。她将用新的身份，继续不遗余力为广州尽一己之力。

潮头问答

你认为广州的创新创业环境怎么样？

其实这些年，我一直以番禺区政府招商顾问的身份帮广州引进优秀企业。坦白地说，相比周边城市，从政策优惠方面看，广州还是可以有一些加大力度的空间，但这也同时说明我们的营商环境是比较宽松自在的。广州本身就是一个低调务实的城市，所以这也决定了广州处理很多事情的风格比较低调务实。我觉得这个良好的营商氛围是我们的一大优势。尤其对于互联网行业，企业最担心的就是发展起来之后会遭到很多不太合理的限制，这个顾虑在我们广州是完全不用担心的。

你是什么时候加入新联会？在这个过程中，你有哪些具体的行动与思考？

我是在新联会成立之初就参与进来的。有一个事情令我印象深刻，刚成立新联会的时候，中央统战部从全国各地挑选代表人士参加首期培训班，后期的培训学员很多都是有代表性的大咖，例如搜狐公司的CEO王小川、360公司创始人的周鸿祎等。广州首批人员选上了YY的创始人李学凌，但刚好学凌在外出差，经报中央统战部审议，我作为互联网人士参加了中央统战部首期培训班。

培训学习后我自己挺震撼的，感觉之前一直都是在自己的世界里埋头苦干，参加完这个培训班之后，我意识到我们还可以把现有的平台资源分享和连接到国家层面，在更高的层面为社会和国家做一些有意义和价值的贡献。就比如说，之前的一个主播只是在自己的一方平台分享自己的内容，现在把全国的主播组织起来成立一个新联会的分会，那么每个主播就都可以借助这个更大的平台传达出我们党和国家层面的很多正能量信息，我觉得这个是我们力所能及的事。在我看来，新联会要做的就是在自己的领域里面，把自己的资源整合起来，联动大家传递更多的正能量。YY的资源用来支持这样的事情，我觉得义不容辞，这也是作为广州互联网头部企业勇于承担社会责任的体现。特别是成立了一个主播的组织之后，除了正能量的传播，还可以通过“直播看广州”等活动，更好地宣传广州、了解广州。

谈谈你对新联会有哪些展望和建议？

对于新联会，我的理解就是这样的一个组织是聚集了不同行业的优秀代表人士，然后这些新锐力量能够为党和政府更好地献计献策。其实很多有识之士是非常乐意付出的，但苦于没有合适的平台和途径，新联会就是这样一个系统化的组织，刚好连接了这样一群人。新联会把各行各业卓越的有着良好影响力的人士缔结起来，形成更好的有规划的正向力量去传递。

比如说，现在的年轻人更多是通过行业领袖的传播来认知社会，那么如何统一这些有着千万粉丝、发挥着巨大影响力的核心的意见领袖呢，比如微博大V和主播，这就需要像新联会这样系统化规范化的组织，通过这个平台我们可以规划传递更加正向积极有意义的信息来更好地起到引导年轻人的作用。我们应该让更多的人来参与这些有意义的事情。

（文/王彩）

新联会提供了一个非常好的沟通和学习平台，它是在新的形势下党和政府联系新的社会阶层人士的桥梁和纽带，更是新的社会阶层人士参与经济建设和社会发展事业的重要载体。

曾仑

搭建“智慧中医”平台，探索分级诊疗“广州模式”

曾仑，广州市新的社会阶层人士联谊会副会长、企业管理技术人员委员会主任，广东省新的社会阶层人士联合会常务理事，广州市第十五届人大代表，中华中医药学会精准医学分会第一届委员会副主任委员，广州市医疗器械行业协会会长，广东省中医标准化技术委员会第一届委员。2017年获评广州经济开发区企业优秀高管，2019年获评第五届“广东省优秀中国特色社会主义事业建设者”。

曾仑出生在广州的医生家庭，广州医科大学医疗系临床医学专业毕业后，被分配到广州医科大学第一附属医院胸外科。1999年10月，因个人发展的需要加入广州市香雪制药股份有限公司，担任副总经理和集团战略发展总监，负责中医药和生物医药领域的新药研发项目管理和国际交流合作工作、高分子材料医疗器械的产品经营管理和研发工作。在公司战略指导下，结合企业和行业的实际进行医药研发的创新工作，致力于以数字化中药为核心的中药现代化和国际化的研究和实践，参与中成药质量控制技术、现代制剂技术、中药给药途径创新等中药现代化关键技术的研究并取得突破，为中药制药企业的转型升级和走向国际化努力探索前行；参与搭建全程可追溯的精准中医药服务质量控制体系和布局“智慧中医”，推动中医药治疗方式由“模糊”到“数字化”再到“精准”的转变和发展，为中医药行业的智能化提升改造起到了良好的示范作用。

医生世家，师从钟南山院士；勤奋踏实储备专业技能

曾仑是土生土长的广州人，父母都是医生，从小在充满医学氛围的家庭生活。医生是对职业门槛要求很高的职业。曾仑的父母从小就告诉过他："医生是神圣的职业，可帮助很多人；医生的专业知识要求高，有过做医生的经历可以做专业以外的工作，而有其他行业的经历并不能轻易做医生。"也许是耳濡目染，又或者是家族传承对医学热爱的基因，曾仑从小就确定了自己探索医学领域知识的发展路径。

曾仑在求学路上一直都走得比较顺利，在1987年考入广州医学院（现广州医科大学）医疗系开始医学基础和临床医学专业学习后，曾仑通过5年医学院系统专业的学习，结合实践不断地汲取专业知识，为未来的工作打下坚实的基础。

曾仑在1992年以优异的成绩毕业后如愿留校分配到广州医学院第一附属医院（现广州医科大学第一附属医院）胸外科工作，该科室的综合实力在广东省名列前茅。曾仑进入医院工作后从事胸外科的临床、教学及科研工作。"我觉得自己的职业能快速地发展，离不开那些帮助过我的前辈。"曾仑师从著名呼吸病学专家钟南山院士和何建行教授。虽然工作强度很大，但曾仑每天劲头十足，连轴转也不会觉得累，看着自己帮助过的病人痊愈出院，他能感受到学医带来的成就感。

通过7年的努力，曾仑在胸外科手术微创和肿瘤治疗领域的临床、科研和教学工作方面颇有建树，能独立完成胸外科的各种手术，积累了一定的临床工作经验，他参与的胸外科微创手术及器官移植等科研项目，得到有关部门的奖励，1997年参与"电视胸腔镜手术的临床应用研究"项目的工作，作为项目组成员之一获得广东省科技进步奖二等奖、广东省医学卫生科学技术进步奖二等奖、广州市科学技术进步奖二等奖。在医院工作期间有两篇专业学术论文在国家级核心专业杂志发表，三篇专业学术论文在省级医学杂志发表。

跳出"一眼看到头"的职场，邂逅更有能量的自己

1999年对曾仑来说是职业生涯的转折点，在这一年曾仑做了职业规划以外的决

定：离开处在业务上升期的医院稳定工作，加入一个对他来说环境和性质完全不同的民企。谈起这个决定，曾仑坦言当时很多同事和朋友都不理解，不过看似突然，但其实早有萌芽。他认为在医院的工作虽然稳定，专业也不错，但会有一种一眼望到头的感觉。“当时在医院工作，更多时候其实是要求你按部就班，需要创新探索的部分很少，对外学习的机会更是少之又少。”医生在选择专业后，在发展方向上其实是往深而不能往宽的，曾仑想要趁年轻尽量拓宽自己的视野，接受更多不同的挑战。

1999年10月，曾仑正式加入广州市香雪制药股份有限公司，负责新药及生物医药领域的研发工作及医疗器械、高分子材料产品的经营管理工作。香雪制药是我国数字化中药的引领者和现代制药的标杆企业。在更开放的环境中，曾仑的职业轨迹也发生了巨大的改变。

在公司战略指导下，曾仑结合企业和行业的实际情况进行医药研发的创新工作，致力于以数字化中药为核心的中药现代化和国际化的研究和实践。其参与的中成药质量控制技术、现代制剂技术、中药给药途径创新等中药现代化关键技术研究也相继取得突破。

思考和创新一直是曾仑的强项，香雪制药作为一个传统的中药制药企业，应该如何转型升级甚至是走向国际化？进入企业工作后，曾仑亲自参与到搭建全程可追溯的精准中医药服务质量控制体系和布局“智慧中医”的项目中，推动中医药治疗方式由“模糊”到“数字化”再到“精准”的转变和发展，为中医药行业的智能化提升改造起到了良好的示范作用。

同时，曾仑还参与了构建以企业为主体，科研机构和领军人才团队共同参与的国际合作创新体系，并主持了香雪制药多个原研新药的研发工作，成果卓著。

2012年起主持与美国圣诺公司合作的原研化学1类新药项目“注射用科特拉尼”小核酸新药研发的工作，作为中国小核酸领域第一个原研新药，2017年获得临床研究批件。2012年起主持与美国Athenex公司合作的原研化学1类新药项目“治疗脑胶质瘤的小分子药物KX02项目新药研发”的工作，已申请相关专利，2017年获得临床研究批件。

2012年参与成立香雪生命科学中心，以特异性和高亲和性TCR受体为核心技术的新药研发和细胞治疗技术的研究工作，目前已在多家医院开展研究者发起的临床研究。2018年12月第一个TCR-T产品TAEST16001注射液成功递交IND（新药申报临床研究批件），2019年3月获得临床试验默示许可，成为国内首个获得国家药品主管部门批准临床试验许可的TCR-T细胞注射液。

步履不止，在医药研发道路上不断探索前行

入职香雪制药20多年来，曾仑就像鱼儿找到了水，与公司互相成就，共同成长。曾仑在香雪制药担任副总经理、集团技术研发总监、集团战略发展总监，负责公司中医药和生物医药领域的新药研发项目管理和国际交流合作工作。作为广州上市民营企业的高管，他积极参与社会及学术活动，关注时政民生，希望通过专业理论知识与实践相结合的经验，为社会发展建言献策，推动医药行业改革发展和转型升级，为老百姓的幸福生活贡献智慧与力量。

2011年11月，曾仑担任广东省中医标准化技术委员会第一届委员，在广东省多个中医标准的制定和修订工作中担任重要角色，积极推进中药标准化、现代化和国际化。

2015年6月，曾仑担任中华中医药学会精准医学分会第一届委员会副主任委员，积极推进精准医学与中医药协同发展。同年7月起，曾仑担任广州市医疗器械行业协会会长，努力探索新时代广州医疗器械行业的发展路径，提升产业水平。

2017年，曾仑参与广州市生物产业联盟组建工作，配合广州市新兴产业IAB（新一代信息技术、人工智能、生物安全）战略规划，推进生物医药领域的系统发展。同年，曾仑当选广州市第十五届人大代表，并提出《搭建“智慧中医”平台，建设“智慧医疗”体系，形成分级诊疗“广州模式”的议案》，建议获得肯定和关注。在近三十年的工作经历中，曾仑不但在其专业领域成就卓越，更能关注时政民生，具备专业理论知识与实践相结合的经验，能为社会主义建设建言献策，推动医药行业改革发展和转型升级，为百姓的幸福生活贡献智慧与力量。

潮头问答

你认为广州的创新创业环境怎么样？

广州的创新创业环境在一线城市中，有绝对优势。第一，这座城市的包容性非常大，它既有自己的文化沉淀，又在不断地吸引新的文化。这里的机会非常多，可以容纳多种行业，更多新兴行业能够在这里发芽、生长。第二，这里的民风很朴实、温和，房价也相对稳定，生活节奏适中，生活压力没有那么大。对于年轻人来说，这里有更多容错的机会。第三，广州作为一座“老一线城市”，基础设施、民生配套都做得很好，比如说医疗资源和教育资源，这都比一些新兴城市更有优势。此外，广州也有很多利好政策，切切实实在帮助优质、有潜力的企业发展。综上所述，我认为广州创新创业的整个大环境是非常好的。

你是什么时候加入新联会的，有哪些难忘的经历？

我是2017年加入广州新联会的，说起来算是“老人”了。在新联会成立之初，我积极参与广州市委统战部和新联会组织的会议、培训、交流和示范基地建设等活动，积累了很多有益的经验。

令我感触比较深的是2017年参与的省情国情调研，我们走访了梅州、厦门、漳州等地。梅州的水溪村养殖观赏鱼，相关的技术和鱼苗都是广州的企业带来的，村民们养殖好的观赏鱼，企业进行包销，在帮扶后村民的生活发生了很大的改变，他们对技术扶贫带来的好处发自内心地感激。这让我明白，“要扶贫，先扶技”“授人以鱼不如授人以渔”。这次走访学习给了我很大的灵感，对制定香雪制药的中药种植专项扶贫计划有很大的启发。

新联会提供了一个非常好的沟通和学习平台，它是在新的形势下党和政府联系新的社会阶层人士的桥梁和纽带，更是新的社会阶层人士参与经济建设和社会发展事业的重要载体。

谈谈你对新联会的展望和建议。

广州市新联会跟一般组织不一样，成员行业职业跨度很大，学历、经历相差也比较大，建立起来很不容易，运作起来就更难，大家都是探索者。作为广州市新的社会阶层人士联谊会副会长，在组织活动的时候，我更多是在思考“新联会能为成员带来什么实质性的东西”，我认为应该通过丰富多样，多层次、多维度的活动去进行运作。

一是，加强跨行业社团的横向联系和交流。通过定期组织跨行业社团活动，将不同领域的人士聚到一起，进行交流，建立起横向的沟通网络。开阔新的社会阶层人士的视野，促进其事业的发展。二是，在现有基础上，建议成立组织发展、公益事业、合作发展、公共关系、联谊交流、宣传教育等六大职能委员会，分别负责新社会阶层人士的选拔推荐、组织策划公益活动、维护会员合法权益等工作，各职能委员会负责人由联谊会的骨干组成，通过开展各项活动，增强会员凝聚力，提升组织活力。

部分新的社会阶层人士关心国家战略、大政方针，但对某些具体问题的解决缺乏信心，对政治制度也存在模糊认识，希望多提供相关的学习机会，形成思想价值引领。建议打造“羊城新动力”论坛，增强新联会的影响力，论坛每年举办4期，邀请在全国乃至世界具有重要影响力的专家学者做主题演讲。成立“羊城新动力”智库，遴选专家围绕相关工作进行专题研究，为决策提供智力支撑。

针对新的社会阶层人士流动频繁，成员广泛、分散，缺少相对固定的联系，工作载体作用难显的问题，建议针对新的社会阶层人士不同群体的特点，确立不同的工作思路，分类施策，实事求是，不能千篇一律。

团结新的社会阶层人士，要坚持以社团为纽带，以社区为依托，以网络为媒介，以活动为抓手，建立由统战部门牵头、有关部门参加、社会有关团体参与的联席会议制度，形成工作合力，把新的社会阶层人士组织起来，把他们的作用更好地发挥出来。

私营企业和外资企业管理技术人员、自由职业人员中很大一部分人，更关注自身发展，注重专业提升，价值取向较为务实。他们关注家庭、关怀社会，但直接参与政治的意愿不高。针对这个问题，建议采取“低度引导”的思路，将着力点放在帮助和解决的问题上。

（文/周莹）

新联会为那些手握媒体资源的人搭建了与党和政府沟通的桥梁，这部分人能够发挥很大的价值。将音乐与统战工作相结合，这方面还有很大的发展空间。

赵海舟

声动南粤，用音乐助推时代发展

赵海舟，广东省新的社会阶层人士联合会副会长，广州市新的社会阶层人士联谊会副会长，广州市天河区新的社会阶层人士联谊会会长，广州酷狗计算机科技有限公司副总裁，第十二届广东省政协常务委员，中国音乐家协会新兴音乐组织副主任，国家艺术基金专家库专家，工业和信息化部信息通信经济专家委员会委员，天河互联网产业联盟会长。

赵海舟自2010年起一直任职于广州酷狗计算机科技有限公司，一路见证了音乐产业的发展与升级。同时身兼多项社会职务的赵海舟，也在积极建言献策、发挥力量。凭借卓越的工作成果和社会贡献，赵海舟还曾获得“广东省优秀中国特色社会主义事业建设者”的荣誉称号。

赵海舟专注于互联网及移动互联网行业多年，擅长企业战略、公共关系与投融资管理。作为国内领先的数字音乐服务平台——酷狗音乐的副总裁，赵海舟将自己对音乐的热爱、专长与互联网经验相结合，助推音乐产业的全方位升级。

10年来，赵海舟不仅与酷狗音乐共成长，还提出了诸多益于文化产业以及企业发展的前沿观点。低调沉稳、眼光锐利的赵海舟，仍将不断推动事业的发展，为社会带来更大价值。

深入广州延展事业追求，机缘巧合转型音乐领域

说起与广州这个城市的缘分与情感，赵海舟认为广州不仅成就了他的事业，也让他的日常生活非常舒适。2003年从中南大学计算机专业毕业后，赵海舟先是在甘肃工作了几年，怀着对广州这个城市的向往以及对未来生活的期待，赵海舟于2006年来到广州，出任广州天正信息技术有限公司的总经理。

在职场耕耘多年的赵海舟已经逐渐建立了自己的商业思维，但唯一不变的，是他对音乐的喜爱。对于赵海舟而言，音乐不仅调节了他忙碌的日常生活，也给他带来了很大的精神鼓舞。

广州互联网产业发达，涌现了一批知名互联网企业。而作为千年商都，广州开放包容的创新创业环境以及深厚的文化底蕴也一直让赵海舟深受感染。2010年选择加入酷狗，进一步施展抱负，这一回，赵海舟将自己对音乐的喜爱与擅长的计算机技术相结合，激情满怀、斗志昂扬地投身到了音乐行业。

回想进入音乐行业的初心和经历，赵海舟深有感触地说："创业之道就是和正确的人在正确的道路上做正确的事。"经过多年的摸爬滚打与激烈竞争，赵海舟对创业以及企业发展形成了自己独到的见解。

在赵海舟加入酷狗之前，酷狗就已经呈现很好的发展态势。在2004年线上音乐市场还处于萌芽状态的时候，酷狗就上线了国内第一款在线音乐客户端，吸引了广大音乐爱好者的眼球。在拥有先发优势的基础上，酷狗在2008年做到了PC（个人计算机）端的第一名。

创新创意抢占发展先机，完整链条圆梦草根歌者

赵海舟在加入酷狗后与其共同成长，深刻感受到了酷狗骨子里流淌的创新精神，并且将广州敢为人先、奋发向上、低调务实的城市特质充分融入酷狗的发展过程中。同时，酷狗始终坚持做一个赚钱的企业，因为在赵海舟看来，用踏实务实的精神干互联网，才能干出一片天。

酷狗不仅在广州土生土长，也是中国第一家做数字音乐的公司，科技感和创新精神非常浓厚，在十几年的发展中相继打造了多方面“第一”，在酷狗之后，QQ音乐、虾米音乐和天天动听等音乐软件才接连出现。此外，酷狗还是最先在中国国内提供在线试听功能的公司。在数字音乐领域，酷狗也占据了PC端和移动端的领先地位，更在后来建立了全球第一个“听、看、唱一体化”的娱乐平台。

在开创性和引领性上，酷狗始终是中国数字音乐的佼佼者。赵海舟认为：“创新是一件非常有意义的事情，酷狗就是要助力中国音乐转型升级。”除了汇集大量的正版歌曲，酷狗对于音乐产业的布局也已经形成了从音乐制作、发行、推广、销售到粉丝运营的商业生态闭环。

酷狗在2012年打造了音乐直播互动平台——繁星直播，并在2016年将其更名为酷狗直播。相比其他直播平台，酷狗直播是音乐属性最强的直播平台。除了基于粉丝经济的直播、数字专辑推广销售等线上平台，酷狗还在线下打造了酷狗音乐众创基地，并通过酷狗校际音超联赛、酷狗直播盛典等活动，为草根音乐人提供全方位展示平台，助力有才华的音乐爱好者圆梦。

音乐人、音乐主播经过市场的考察，经过三个月至半年的时间后，酷狗音乐会为其提供大流量推广、音乐直播等展示、积累粉丝的机会。到目前为止，酷狗已经成功捧出了当红网络歌手庄心妍以及人气女团S.I.N.G等音乐新星。尤其在近两年，酷狗以“首唱会”和“乐舞雅集”等多档品牌节目聚集了人气实力歌手，强力推动国风音乐的发展，为国风圈输送了一批新兴势力。据2020年上半年酷狗国风音乐消息，酷狗非遗相关音乐已经有了百亿次播放量，成为国风音乐的领航者之一。

通过这种“听、看、唱”的创新运营模式，音乐产业链的各个环节都能参与其中，并且实现盈利。在赵海舟看来，“不管是公司还是歌手、词曲作者，只有大家都赚到钱，才可以继续做音乐；只有唱歌的人越来越多，才会有下一个新星、下一个巨星的诞生。音乐群众的基础不断扩大，中国音乐才有更多的可能”。

此外，酷狗对音质的表现和追求也做得很极致。酷狗注重科技研发与升级，研发技术人员占到了员工数量的70%以上。酷狗拥有1600个专利申请，不仅覆盖了音频识别、音频提取、音频控速等音频处理技术，也涉及信息显示技术、硬件产品等技术领域。2015年，酷狗上线了“听歌识曲”功能。目前，入驻酷狗直播的主播不仅能够根据相应的热度获得匹配的市场宣发，平台也可以根据内容和算法更好地帮助用户发现“星星”。最近在2020（第十九届）中国互联网大会举办的“新技术、新产品、新应用”活动环节上，酷狗的“蝰蛇音效”作为全国十个新产品之一进行了发布，再次彰显了酷狗在中国视听领域“中国造”的强大实力。

凭借健康务实的发展战略、领先的科技与创意理念、完整清晰的音乐布局，酷狗的发展一直保持着活力。2019年，多家权威第三方认证的结果显示，酷狗音乐的用户规模排名第一，连续6年行业领先，共获行业认证80项荣誉。这些都意味着酷狗作为行业音乐类翘楚的地位得到了社会各界的认可。

前瞻思维助力粤港澳大湾区发展，音乐传唱凝聚主流共识

时代发展日新月异，除了拥抱黑科技与前沿创意，酷狗也在不断寻求转变，通过更加丰富的音乐形式，立足广州，为粤港澳大湾区乃至全国的文化产业以及社会建设传播积极的社会影响与正向的能量。

酷狗的发展离不开每一位音乐爱好者的支持，围绕着音乐的属性，酷狗一直致力于为探索音乐之旅增添分享的深层意义：以数字专辑为公益载体、搭建“酷狗音乐教室”、改善听障人群的听歌体验……酷狗在教育、扶贫、文化等公益事业中积极履行企业社会责任。新冠肺炎疫情期间，酷狗不仅召集了5000个音乐人，征集了7500首抗疫原创歌曲“声”援武汉，还联合大流量主播带货直播，助力湖北、贵州等地区复工复产。

全国网络音乐2/3的产值、全国游戏产业七成收入、全国动漫产业1/3的产值、全国数字出版1/5的产值……在我国文化产业的诸多领域中，广东均表现出色。身处商贸活跃、文化底蕴丰厚的广州，酷狗通过音乐会、线上直播演唱会、线上非遗文旅、音乐盛典、快闪、漫展等形式助力宣传最美羊城，弘扬传统文化。在中国共产党成立99周年之际，酷狗直播还进行了“风展红旗如画”的主题粤剧晚会，引发了社会的广泛好评。

酷狗音乐不仅是行业龙头企业，也是党建发展走在前列的企业。早在2017年，酷狗就成立了党支部，结合公司业务背景，通过“三会一课”“党音酷学堂”“酷狗音乐会”等特色品牌党建活动，很好地把党组织的政治活力转化为企业的发展活力。赵海舟说：“党建是进步和发展，党建能够引领企业高速发展。在新时代，互联网要成为正能量音乐的助推器，让正能量歌曲也能吸引粉丝，从而产生举足轻重的力量。”

此外，作为政协广东省第十二届委员会常务委员，赵海舟将自己对文化产业和社会发展的使命进行了更大范围的延伸。赵海舟就曾提出过提案，认为“文化 + 科技”是下一个风口，是和平年代最强的竞争力，经济发达地区一定要引进有极大影响力的“尖刀型”项目，并且对“文化 + 科技”领军企业制定专项优惠政策，在企业和市场认可的情况下，由企业掌握对人才的评价标准，这样才能树立更好的国际形象，从而在全球市场的竞争中立于不败之地。

基于广州拥有全国最大互联网线上音乐平台这一优势，赵海舟还提出整合企业线上音乐宣发销售平台、直播平台、原创音乐平台，为音乐人提供音乐推广、音乐版税交易、音乐直播变现等方面的服务，同时通过原创音乐、音乐众创、音乐 LIVE（现场演出）、音乐节4个线下子平台，打造国际级粤港澳大湾区音乐人线下聚集区，并在此基础上推出“支持促进创新创业的系列政策（音乐产业专项政策）”，多维度给予扶持，形成音乐产业化聚集、良性循环，面向粤港澳乃至全球音乐人发出邀请函，鼓励优秀音乐人来广东创新创业以实现其音乐梦想，鼓励粤港澳乃至全球音乐产业企业在广东落户。

“历史进入新时代，应当鼓励年轻人用流行的方式唱响社会主旋律与正能量，使群众听到更多优秀的新作品，看到更多优秀的音乐新人。”带着这样的期待和愿景，赵海舟还将继续为音乐文化在意识形态传播中的积极作用贡献自身的更大价值。

潮头问答

你如何看待广州的创新创业环境？

我很喜欢广州这个城市，我感觉广州相比其他城市更有人情味一些，生活节奏没那么快，不仅文化底蕴深厚，互联网的基础也很扎实，对于企业来说，发展的土壤和环境都很好。广东是经济强省，广州又是广东的翘楚，做文化产业是很靠谱的。

我因为一些机缘巧合加入酷狗后，感受到广东的文化产业表现很出色，尤其是粤港澳大湾区作为世界级湾区，经济力量雄厚，文化产业也更有发展的根基。作为具有重要影响力的国际交往中心，粤港澳大湾区为区域文化产业发展提供了有力支撑，而音乐产业作为文化产业的排头兵，最易形成品牌形象，同时香港与广东两地都是 20世纪80年代、90年代流行音乐的发源地，这些都为粤港澳大湾区音乐文化的同频共振、协同创新、融合发展提供了先天优势。

基于你在新联会参与的相关工作，你对新的社会阶层人士有怎样的认识？

以前没有组织把大家汇集起来，现在有了新联会这样的平台，新联会为那些手握媒体资源最核心的人群搭建了与党和政府沟通的桥梁，这部分人都是比较优秀的，他们的作用也因此能够得到更好的发挥。媒体领域很多人员都有了建言献策的机会，我们也鼓励他们多多走出去，为新的社会阶层人士发声，贡献更大的社会价值。

广州市新联会自成立以来已经举办了不少特色活动，我还是天河区新的社会阶层人士联谊会的会长，我们天河区新联会也开展了很多有意义的特色活动。天河区新联会是全市第一个区级新联会，2019年我们还成立了天河区新联会服务团以及律师分会、自由职业者分会、新媒体分会，这标志着天河区新联会建立了“1+3+6+N”

的组织架构，实现了新联会组织向各领域、各行业的逐步拓展。2019年天河区新联会组织“天河新e代”的特色品牌活动200多场，累计参与人次数超20000人次。

另外，广东省以及广州市新联会的会歌也都是在酷狗平台上发布的。其中，天河区新的社会阶层人士联谊会会歌是首支在互联网音乐平台上线的新联会会歌，广东省新的社会阶层人士联谊会的会歌则是在2020年7月1日建党节上线酷狗音乐的，我还担任了制作人，这些都进一步展示了我们新的社会阶层人士的活力与风貌。

你对新联会的相关工作有怎样的思考和建议？

广州新的社会阶层人士联谊会团结凝聚了广大新的社会阶层人士，为他们健康成长、建言献策搭建舞台，发挥他们在新时代中国特色社会主义事业建设方面的重要作用，也为助推广州经济和社会的发展增添了新动力。

音乐是具有能量的，不论在什么年代都具有团结集体、凝聚共识的魅力。在新时代，音乐的能量需要先进科技、先进理念来引导。我觉得音乐还可以与统战工作进行更好的结合，酷狗平台上活跃着很多知名的音乐人和主播，今后还可以更加积极地跟粉丝与歌手进行沟通，让大家在音乐创作与演唱传播的过程中自觉遵守法律法规，传播正能量。以音乐的形式为统战以及新的社会阶层人士发声，这样的形式更活泼，可以多多利用起来。

另外，我还希望新联会在“一带一路”和粤港澳大湾区建设中可以更好地发挥新的社会阶层人士生力军的作用，创新工作方式，优化运行机制，继续带领新的社会阶层人士工作实现高质量发展。

（文/茉莉　图/司徒智瑞）

作为新联会的一分子，我们肯定要冲锋在前，把自己的事情做好，同时承担更大的责任。

郑峰

以始为终，立足广州，“玩”出街舞的中国风潮

郑峰，广州市新的社会阶层人士联谊会街舞分会会长，广东省新的社会阶层人士联合会常务理事，广州市海珠区新的社会阶层人士联谊会副会长，中国舞蹈家协会街舞委员会副主任、中国舞蹈家协会街舞委员会广东联盟常务副主任。

郑峰在街舞圈更被人熟知的名字是“峰爷”，著名舞团Speed街舞团创始人，自1998年创立舞团至今，率团队取得各类国内外赛事顶尖荣誉，团队节目作品荣登央视春晚分会场、广州大剧院、海心沙、人民大会堂等众多重大场合。2008年汶川赈灾主题街舞《阳光总在风雨后》获文化部最高奖项“群星奖”金奖；2010年团队元老舞者阿牙和冰冰获中国首个世界级街舞大赛冠军；特色项目“REALLIFE”潮流文化系列，自2012年起已连续举办8年，是广州市海珠区的“一区一品牌”。

郑峰从一开始接触街舞就投入了极大的热情和心力，20多年来从未停止对街舞理想的追求，这个活跃在街舞背后顶天立地、身份多重的男人似乎总有使不完的劲。

为了能让更多人通过街舞开创美好生活，郑峰不仅将街舞发展成了自己的终身事业，更是将街舞“玩”出了中国风潮。如今的郑峰依然在这个充满了变动的时代立足广州，稳扎根基，跨界打通潮流文化，不断寻求街舞持续发展的生命力。

兴趣驱动引发街头舞蹈初体验，创建舞团谋求发展广空间

在广州师范学院（现广州大学）读书的那些年，郑峰就迷恋上当时还被称为“青春舞”的“街舞”。他不仅自己跳得火热，经常在街边大展身手，还与志同道合的小伙伴一起在1998年成立了SpeedCrew街舞团。如今已经被同业者称为“峰爷”的郑峰，根本没有想到，这个街舞团自成立之后就再也不曾被放下。

尽管对街舞还没有明确的认知，但依托广州包容的文化环境以及对街舞超凡的喜爱，Speed舞团的成员积极模仿影片中的潮流舞蹈，走上街头巷尾舞动青春，四处征战，以舞会友，将街舞深深融进了日常生活的每一天。通过舞团这个小天地，郑峰参加了各种各样的比赛，陆续在全国各地接触了很多跳街舞的人，更独具慧眼地“拉拢”了后来一举获得世界街舞大赛冠军的阿牙入团。到了毕业的时候，很多小伙伴都因为街舞缺乏生存的能力而不得不与街舞“分手”。眼看着跳街舞的人越来越少，郑峰感到了深深的刺痛，他一直在思考，如果不放弃对街舞的喜爱和坚持，有没有可能通过街舞来让大家养活自己呢？爱好和生存为什么就不能共存？带着这样的想法，郑峰联合了几个队友成立了一个名为“Speed Dance Group极速街舞”的文化推广团体，寄希望于通过一个正规化的平台让街舞更加长久地存活下去。在这之后，无论是教学、路演还是比赛，只要有机会，郑峰都会努力争取。

大学时期除了街舞，郑峰同时还在某电台担任节目主持人，毕业之后他延续了这一身份，并借此获得了诸多的商业资源，接手一些表演宣传以及策划服务的活动。电脑城、步行街以及校园门口，广州无数的街区巷道都留下了郑峰与团队舞动奔走的忙碌身影。

然而即便这样，舞团的发展也难有起色，只能通过各种各样的比赛进行磨砺和学习，通过合作进行的街舞教学和演出获得一些微薄的收入，只能硬生生地摸着石头过河，去练就一身不被打倒的本事。在这一过程中，郑峰不仅需要逐渐从舞者转型为运营者，把自己打造成无所不能的“超人”，还需要不断地用其他工作获得的收入来弥补舞团的亏损。一腔热血地投入，任劳任怨地付出，郑峰始终坚信自己的选择，但是有一个疑惑始终缠绕着他，推动着他不停地思考，那就是：到底怎么样

才能让舞团的发展站稳脚跟呢？

抓住机遇打响广州街舞知名度，去芜存菁创新讲述中国情

受改革开放的影响，在包容的社会风气下，20世纪八九十年代的广州流行的不只是霹雳舞，日韩潮流的音乐舞蹈也都一并涌了进来。那个时候社会对于街舞并没有一个明确的定义，街舞也像其他新生事物一样处于野蛮生长的状态。在这当中，霹雳舞是有过断层的，由于没有生存的落脚点，风靡了一段时间，很快便销声匿迹，日韩音乐舞蹈也来去如风，只有街舞走出了一条比较连贯的道路。除广州提供了街舞文化发展的土壤外，这与像郑峰这样不离不弃，始终坚持着街舞初心的各方人士的努力奋斗也是分不开的。

郑峰十分感激与珍惜广州存在的街舞文化发展土壤，在“想让更多的人知道街舞，坚持热爱的街舞又能够养活自己”这一理念的指引下，Speed舞团顽强地磨炼自身水平，在各类赛事中崭露头角，力求打稳自己的根基。

Speed舞团最开始的时候是十分艰难的，没有系统的经营理念，缺乏足够的商业经验，加之在舞团发展初期郑峰也没有形成系统的经营理念，走了不少弯路，但是在他的坚持下，Speed舞团也积攒了一定的赛事经验与教学资源，产生了一定的社会影响，磨炼出了坚韧的战斗力。到2005年，郑峰终于等来了一个难得的发展机遇。

海珠区政府非常看好Speed舞团这匹“千里马”，看好街舞文化与民众日常健身相结合的巨大潜力，专门为Speed舞团提供了支持——不收租金，仅需缴纳管理费就可以在滨江路使用一个专门用于街舞公益培训的场地，这让郑峰大为欣喜和感激。借助海珠区政府搭建的平台，Speed舞团还得以参与了一些原来想都不敢想，甚至可能完全接触不到的东西，街舞也因此被更多的人知道和喜爱。时至今日，郑峰对于自己得到赏识和帮助依然感到非常幸运和感动，这也为他决心在广州发扬街舞魅力，让街舞造福更多人的心愿又添了一把火。

有了场地这个稳定的大后方，郑峰越发努力地寻求舞团新的发展机会，2008

年郑峰就又得到了一个巨大的启发。汶川地震之后，郑峰所在的街舞团队以此为原型，用街舞的形式表达了汶川地震前、地震中、地震后大家的表现，这一作品不仅获得了广泛的好评，还拿到了广东省音乐舞蹈花会舞蹈类金奖，以及文化部的最高奖项“群星奖”金奖。直到现在，郑峰一想起那段街舞都还很有感触。正是通过这个街舞编创节目，郑峰第一次感到了比赛获奖之余街舞存在的重大意义，为什么不能用街舞这种外来的艺术形式，生动形象又富于创新地去阐述具有中国特色的经典故事呢？在以前，街舞都是以battle（较量）的形式进行的，根本没有编创作品的概念，自从这次获奖之后，郑峰就将这种主旋律式作品的编创思路一直延续了下来，而这也是Speed舞团能够在后续源源不断地产出优秀作品的原因之一。

2010年对于Speed舞团来说是更为重大的转折，阿牙和冰冰两位舞者在法国世界街舞大赛中获得冠军，郑峰所在的Speed舞团从此一鸣惊人，奠定了团队的“江湖地位”，打响了在全国的知名度。郑峰对此非常激动和自豪，不只是为舞团的成长和蜕变而骄傲，更是为中国舞者的争气感到骄傲。面对街舞这种外来的艺术形式，大家普遍认为创始国的水平是最高的，但拿到这个奖就说明，中国的街舞水平已经能够跟国际水平接轨，这种认可和肯定非常让人振奋和欣慰。在这之后，郑峰不仅带领舞团在舞技上更加精进，还更专注于编创高质量的作品，在郑峰这代街舞人的一起努力下，街舞的地位也变得越来越重要。2018年，街舞作品《黄河》获得了中国舞蹈界含金量最高的现当代舞“荷花奖”荣誉，更加奠定了街舞在舞蹈艺术界的地位。同期，北京舞蹈学院也开设了中国街舞艺术研究中心，这预示着街舞正往成为正式艺术学科的方向发展，郑峰感慨自己能够见证街舞这么多轰动舞蹈圈的大事。

如今的Speed舞团已由当初单纯跳舞的兴趣社团成长为扎根广州，在全国乃至世界都知名的品牌。通过对街舞团的运营，“Speed”在国内外顶尖赛事中“拿奖拿到手软”，已经成长为全国创新领军团队，扛起了街舞文化产业推广的重任。其实不只是街舞，郑峰当下还努力在说唱、涂鸦、DJ（迪厅、酒吧等场所的音响师）、滑板、潮牌、潮玩、电竞、设计等潮流文化上实现跨界融合，同时彰显粤剧、功夫、醒狮等富有南方文化特色的国潮品味，用街舞的语言不断推陈出新，力求讲好更多的中国故事。

背靠政府支持迎来第二春，辐射粤港澳大湾区勇做潮头人

郑峰说，Speed舞团能拥有今天的成就，除了街舞人的努力和奉献外，各级政府的鼓励和认同最为关键。

郑峰对广东的街舞文化非常自豪，因为他觉得北方的舞者更擅长技术技巧，而南方的舞者则更有想法和创意，对于音乐的感知和表达也更细腻。同一首音乐不仅仅是通过肢体来表达，一个表情，一个眼神，可能就蕴含了很多特有的文化风味。除此之外，广州街舞圈也很团结，因为大家平时只会在舞台上竞争，私底下都是非常要好的朋友。

在一个良好的文化氛围下，Speed舞团一路走过重重磨难。如果说第一次发展机遇来自海珠区政府的帮助，郑峰带领他的舞团抓住这一机遇开创了街舞事业辉煌，那几年街舞行业发生的一系列规范化的变革，为街舞行业整体发展带来了第二春。中国舞蹈家协会街舞委员会在2013年成立，广东联盟在2015年成立，这些重大事件对街舞行业的统领和规范作用是非常强的。有了广东联盟，全省600多家会员单位的教师资格证考试和培训资质都有了清晰严格的标准，整个行业也更为自律和健康。

除了行业的自律约束，广东联盟在统战工作、共青团工作以及街舞文艺的推广上也都是走在前列的。广州市新的社会阶层人士联谊会街舞分会就是全国第一个成立的市级新联会街舞分会，意义重大。街舞作为一个舞种能够成立分会，体现了在新联会层面对整个街舞行业的认同，也体现了政府与相关领导的支持和重视。近几年，很多街舞业内的从业者甚至获得了市、区政协委员，全国青年委员等身份，能够有机会在更高的层面和更大的平台上发挥个人价值和影响力。

浓厚的文化氛围，庞大的群众基础，顶尖的专业实力，系统又独特的文化传承，紧跟时代、有组织有方向的发展归属……广州获得的街舞成就都是在党和政府的引领和支持下实现的。立足现在，展望未来，无论是从商业氛围还是从国家认同

的角度来说，街舞行业仍然具有非常大的发展潜力。郑峰分析说，未来街舞分会能够在以下4个层面发挥更大的作用和体现更高的价值。

首先，作为在新联会有一席之地的组织，街舞分会必然要引领年轻人成长的方向，让越来越多的年轻人进入平台，受到健康积极的文化熏陶。

其次，街舞文化产业的号召力不可小视。接下来要增强几种业态之间的相互沟通，以战略合作争取社会效益，把产业做大做强。这样不仅舞者能够更好地养活自己，找到人生目标，城市发展也会更有活力，平台也能够发挥更大的作用。

再次，要进行更多的作品编创，让那些能够反映社会价值、反映时代主旋律的优秀作品登上更高的舞台。“街舞是非常大众化，也很接地气的艺术形式，用街舞来讲好中国故事具备丰富的表现力和创意空间，既能够聚集年轻人进行自我表达，也可以推陈出新，不断加强广州乃至粤港澳大湾区独特的文化意象和文化创造，为潮流文化的健康发展做出有益探索。”

最后，作为对年轻人来说具有潮流性质的群体，在粤港澳大湾区推进街舞事业显得意义非凡。郑峰现在倾力发展的粤港澳大湾区街舞潮流文化中心，就是要把周边的潮流文化和产业连成一片，推动整体的街舞环境更加成熟。“不论我们把街舞作为一种艺术形式也好，交流方式也好，我们都要把它辐射到粤港澳大湾区，让更多的年轻人都能进到我们街舞的艺术圈子来，加强交流，加强沟通，加强互动。如何更好地把大家都聚在一块，这是个任重道远的工作。如果我们街舞这个板块能把粤港澳大湾区热爱街舞、热爱潮流文化的青年人融合联动起来的话，也算尽到了我们的一分力量吧。”

潮头问答

作为本地人，你对广州这个城市寄托了怎样的情感？

我是地道的广州人，在这里感觉生活很舒适，有很多美食，有老广的人情味，还有独特的南方文化。生活在这个城市是很幸福的，而且也没太大的压力，尤其跟北京、上海比压力小多了，你可以穿着拖鞋到处走，吃遍广州的小吃。真心希望这个城市越来越包容，越来越好；也希望广州更加国际化，各种文化相互碰撞，让广州实现融合、创新、整体发展。

你认为新的社会阶层人士应该是怎样的人？

我自己的理解就是作为新阶层的一分子你肯定要冲锋在前，需要做一个榜样。这个潮就是一种浪潮，像改革开放初期，能够很早地冲在前面做生意，愿意去做这种新的尝试的人，就是一个勇立潮头的人。我们也一样，我也没想到街舞走到今天可以成为备受大家喜爱的文艺形式，获得这么多荣誉，这是一代代街舞人努力得来的，不单单是我一个人。我们这些人就是因为热爱，坚持做了这事而已，当我们被认同，我们也比以往更有责任感。发挥新阶层街舞团的作用也好，发挥引领年轻人的作用也好，真的需要我们的时候，我们就会站出来一直往前冲。

身在新联会当中，你对未来的工作有怎样的愿景？

新联会就是一个大平台，把四大类人群聚在一起，互相支持，互相把身边的人拉在一块，最终的目的就是社会稳定，朝着跟国家一致的方向不断发展。我们是有规划、有方案、有计划地来做好每一件事的，有需要我们参与的，我们就尽可能地参与，义不容辞!

（文/李桐）

就我接触的情况而言，我认为广州新联会是做得最好的。跟新联会的相处对我来说是有快乐、有成长、没烦恼的。

钟瑞华

钟瑞军

笔墨挥毫志潇洒，永无止境的艺术人生

钟瑞军，广州市新的社会阶层人士联谊会常务理事、自由职业人员委员会副主任，广东省青年美术家协会主席，广州市美术家协会副主席，西泠印社社友会会员，广东省书法家协会会员，华南师范大学城市文化学院兼职研究员。

钟瑞军善习诗文，喜书法、绘画与篆刻，师承周国城、张立辰先生，主张“诗书画印”兼修，也是个人工作室“缔荣轩”的主理人。2016年与吴建贞先生在广州从化举办“流溪墨韵——钟瑞军、吴建贞国画作品展”；2017年在广州艺术博物馆展出“在路上——钟瑞军艺术作品展”。

钟瑞军自小便受到了良好的家庭文学熏陶，纵使走向经济独立的过程十分艰辛，他也始终不曾丢弃自己对于中国画的理想追求。一路受教于周国城与张立辰两位书画大师，如今的钟瑞军已经成长为行业内的青年领先人物。

在坚持“诗书画印”综合修为的过程中，钟瑞军不仅对笔墨精神有着自己独到的理解，还形成了一套颇为鲜明的艺术观点。穿梭在传统与现代之间，以笔墨的挥洒来抒发自身的激情与情怀，钟瑞军仍将在路上探寻自己永无止境的艺术人生。

家学熏陶埋下文化种子，曾经风云校园的书画少年

钟瑞军出生于广东河源紫金的一个农村家庭，他表示自己很幸运，之所以能够与书画为伴，得到良好的国学熏陶，是因为受到了作为校长的爷爷个人魅力的强烈感染。

在爷爷的影响下，钟瑞军直到现在都非常注重青少年的美术教育，致力于在早期阶段就将“诗书画印”的种子植入孩子们的内心，其目的不在于令孩子们都成为艺术家，而在于能够对孩子的艺术选择与审美品位产生正向的影响。

钟瑞军自小研读了很多的诗词书籍，也很早就开始了书法练习。小学六年级的钟瑞军在某次登山归来之后就一气呵成地写出了“文峰矗耸入云天，手捧繁星岂觉艰”这样气势磅礴的诗句。

钟瑞军开始画画是在初二，恰好自己的英语老师也很喜欢国画，于是他就跟着英语老师一起学习。在英语老师的指导下，钟瑞军以《芥子园》的画谱入门传统绘画，并在高中时期的一次全校书画比赛中获得国画第一名的好成绩。尤其让钟瑞军自豪的是，这件事还被写进了家谱，并且自己就读初中部的堂弟也在这次的比赛中拿到了书法奖项的第一名，两个人在学校很是风光。

高中毕业后，钟瑞军入读暨南大学文学院，进一步提升他的文学修养，并且在日后成为他有别于纯艺术学院出身的艺术家的优势。

读书期间，钟瑞军就感受到了广州多元的文化气质，广府文化、中原文化以及海外文化的交融碰撞令钟瑞军切实地感受到了广州务实又接地气的城市精神，这种文化上的感染也影响了他毕业之后的职业选择。

“一方面仰望星空，另一方面脚踏实地”

大学刚毕业的钟瑞军也曾考虑过直接从事美术行业，但他看到美术学院毕业的同学一张四尺整纸的画卖50元钱都没人要，就对自己的规划进行了调整，决定先养活自己再去追求艺术理想。在大型金融国企工作，做文化传媒，搞教育和杂志，

甚至自己创业，钟瑞军想方设法地让自己在这个社会立足。直到后来经济稍微宽裕了，钟瑞军才重新拾回了中国画这一至爱。

2004年，钟瑞军结识了时任广州书画研究院院长、著名的花鸟画家周国城先生。周国城先生的艺术造诣是钟瑞军想要追求的方向，便拜他为师，开始了自己规范化的艺术训练，并在他的推荐下前去中央美术学院进修，并进一步向张立辰先生学习系统的中国画理论。在3年的学习生涯中，钟瑞军不仅系统地梳理了中国画的理论知识，也对大写意有了更为深刻的理解。

钟瑞军说，周国城先生与张立辰先生都属于海派，注重写意的境界，也注重笔墨间所蕴含的文化传统。在这两位老师的影响下，钟瑞军也越发坚定了“诗书画印”的艺术理念。现如今，钟瑞军也形成了自己鲜明的艺术观点，认为在学习和欣赏中国画的时候，一定要首先保持文化自信，站稳中国画的文化立场，才能更好地感受中国画的艺术魅力。

中国画讲究的是“似”而非“逼真”，要达到写意的格调，而非写实的还原。在京剧舞台上，“你拿个马鞭，就有了千军万马；你拿个桨，就在摇船，没有必要真搬一只船出来了。老祖宗以简驭繁的智慧是非常高超的艺术成就”。在钟瑞军看来，高超的画技或许引人惊叹，但却没办法打动人，因为艺术是技术之上的东西，不将文化和内涵注入其中，画作就成了另一种形式的影像，毫无生命力。艺术只有基于生活且高于生活，才能呈现出画面之外的深意。

钟瑞军说，中国画的每一笔都有它单独的审美价值，既要有“形”，又不能单独地描摹“形”，还要能表现所画之物的质感，体现出精神气来。钟瑞军表示，每一次中国画的创作实际上都是一个“神”化的过程，如何将眼中之物转化为心中之物，把自身的艺术修为与文化涵养呈现出来，非常考验画者的水平，因为只有内涵大又简括的笔法才有高度的概括力和深刻的文化力。

除此之外，画作还要与诗词和篆刻交相辉映，任何画作都承载了作者的情感，有了诗词的加入，画作的意境也会变得更加不同凡响。钟瑞军践行“诗书画印”兼修，不仅是遵循中国画艺术排布的法度，更因为将这四样融为一体能更好地呈现中国画的独特韵味与综合表现力。

画技与精神上的修炼并没有让钟瑞军停下事业的脚步，他自己创办的公司实现了业务上的扩张，钟瑞军仍然在努力给家人创造更好的生活条件，这样的状态也能让他的作画心态与作品的呈现更加自如。

“路正就不怕路远，路对就不怕路长”

2017年秋天，钟瑞军随同广州青年美协扶贫，看着黄昏时候的村落，他深受感染，当即就作了一首题为《落叶》的七言绝句：“残阳难舍小桥西，落瓣春来怅恨迟。莫怨今年秋事早，芳菲去日是生时。”发到微信朋友圈之后，没想到茅盾文学奖的获得者刘斯奋先生第一个点赞，并留言：“诗不错！此作看出你诗才不低，应该多写。”钟瑞军深受鼓舞，将荒废了多年的诗歌创作重新拾起，并且又接连写了几十首诗，共同放入了“在路上”的个人艺术展览中。

谈及此事，钟瑞军在兴奋的同时也感到了自身的不足。因为“诗书画印”的兼修需要长期的勤奋和努力才能真正将自己的优势建立起来。因此钟瑞军笑谈自己还年轻，仍然处于入门级别，或许到了60岁才敢自称已经步入中年。

对于钟瑞军而言，艺术的传承只是一个方面，站在好的基础上还应当实现个性与创新。作为广东省青年美协主席，钟瑞军不仅注重向儿童传授中国画的写意国粹之美，还注重组织更多的艺术家交流，希望艺术可以在传承的基础上有所创新。但他同时也强调，这个创新必须遵循基本的法则和规律，因为创作一旦脱离了传统的正道和法度，最后就会变成四不像的“怪物”。

此外，在这样一个全新的时代里，当代的人文情怀、社会心理和人的情感、体验也有必要融入作品中。并且这样的融合也不是对当代的取悦，而是要将当代中国特色文化的独创性和鲜明性展现出来。钟瑞军多次强调，艺术需要一辈子的时间去修炼。在这条漫长的道路上，钟瑞军渴望自己能够从“怎么画都画不好”的阶段，到最后能够达到“怎么画都画不坏”的状态。尽管这种自由的境界或许穷极一生也未必能实现，但是钟瑞军对于自身艺术的追求是永无止境的，他也期待自己能够沉淀出更多的责任与担当，为中国的文化自信和艺术事业更添块垒。

广州的文化环境对你的艺术道路产生了怎样的影响？

这里的艺术家给我的感觉是不会刻意抗拒商业化，他们“不找市长找市场”。他们都会很积极主动地想办法养活自己，然后再发展自己的兴趣爱好，他们会搞教育、做培训、做展览，通过各种方式赚钱养家，但内心并不会放弃对艺术的追求。等自己的经济条件差不多了，才会更加专注地发展自己的爱好。

其实我也是一样的，大学毕业之后我也是在经济条件达到比较稳定的状态之后，才出来进修学画，并专门发展中国画的。

你对于新的社会阶层人士这个群体有着怎样的观察与思考？

像我们画家、书法家等艺术工作者，很多都是自由职业者。这个群体现在有了新的社会阶层人士这样的身份，跟其他同行有了更多的交流，有些甚至是跨界的，这样大家以后也会有更多合作的机会。有了身份并加入组织之后，我们就有了反映自己想法的途径，有什么事情都好商量，新联会也能给到我们支持。

加入新联会对你产生了什么影响？

新联会资源很丰富，我是受益者，我也是通过新联会认识到行业里面更多优秀的人。我原来不了解统战工作，现在我觉得这一块相当重要。新时代统战部门领导工作思路很务实，服务意识特别强，待人也真诚，我参加了很多活动，感觉切切实实有帮助。而且新联会可以把我们聚集起来，让我们更强大，大家资源都不一样，完全是不同体量，能够互相帮助。跟新联会的人相处对我来说有快乐，有成长，没烦恼，他们打开了我的边界，也开阔了我的视野。

（文/茉莉）

新联会提供了沟通交流的良好环境。健康文化可以在新的社会阶层人士中先倡导起来，照顾好身体，才会有美满的事业和家庭。

朱志

互联网领军企业做善心，在广州启动健康关注

朱志，广州市新的社会阶层人士联谊会顾问，2014年出任广州市久邦数码科技有限公司总裁兼首席运营官至今，国内移动互联网最早的创业者之一，越秀区人大代表，广州市青年互联网发展协会副会长，中国音像与数字出版协会数字阅读工作委员会副主任。

朱志所在的久邦数码科技，低调务实，拥抱变化，是中国最早在纳斯达克上市的移动互联网企业，曾是全球最大的手机工具软件开发商。

从江西九江出发，抵达世界，最终落脚广州，这过程朱志付出了整个前半生。现在，他和家人居住在广州，自称“新广州人”。他带领的久邦依然低调，对外成谜，但内部却充满蓬勃的创新力和活力，他们以自己的姿态在广州影响着世界。

向前一步，走出200步的舒适圈

到2020年，朱志作为互联网人已经16年了，现在的他精神饱满，犹如年轻小伙子，采访的全程让人感觉轻盈自在。工作依然繁忙如初，甚至更甚，但他却有更多的精力做一些有趣的事，比如：自己写文章，摄影，弹吉他，每天坚持10分钟冥想，定期健身锻炼。这一切始于他对身心健康意识的顿悟和觉醒。树立全民健康意识，他自己就是切实的受益者，他希望能够在互联网事业之余，投入大健康事业，为普及健康生活方式和提高全民健康意识贡献一份自己的善意和力量。

朱志祖籍江西临川，父亲是乡邮员，通过努力当上了县邮电局局长，母亲是敬老院职工，通过夜校自学一步步成为劳动模范。父母为其取名“志”，某种程度也寄托了一种家族精神的传承。他从小就熟悉很多关于“志”的成语，“志存高远”成了他丈量人生的座右铭。

大学毕业之后，他被分配到江西九江邮电局工作。那几年正好是电信行业最火的时候，每年的收入有四五万元，这在当地算是非常高的收入。压力不大，每天的生活很悠闲，很多人都很羡慕他。公司离宿舍很近，每天下班他都数着步数，走完200步，就到家了。“为什么不多走一步？”走了一年，朱志开始叩问自己。

一念起，万水千山。他即刻做了一个决定——辞职去国外读书。1999年加入WTO（世界贸易组织）谈判成功之后，新格局悄然而生，“我感觉到一个新的时代就要来临，中国一定会融入整个世界大家庭，我必须提前准备”。朱志意识到新的时代已来，他要走在前列。

语言是需要突破的第一关。朱志请假到北京新东方参加英语培训，第一堂课上俞敏洪讲授了很多年轻人的奋斗故事。这让朱志备受鼓舞，他每天用18个小时来攻克单词。两个星期之后，他已经能背出参加托福考试需要用到的1800个晦涩难懂的单词。

2001年5月，他收到一封来自英国的信——当地排名前十的大学的录取通知书，他开心得绕着小城跑了一圈。10月，他乘坐飞机抵达希斯罗国际机场，开始了心向往之的留学生活。“第一次乘坐那么大的飞机，也是第一次离家那么远。”他终于走到了200步以外的地方生活，这次飞得再高都没有关系。“生命充满奇迹，你只有尝试过才知道。”朱志说。这一次的远行在他心里种下了自信和无畏的种子，比起前途未卜的担忧，他对未知的可能性更加着迷和充满期待。

走南闯北，谱写无悔创业人生

2003年朱志学成回国，按照当时的政策，留学生回国能够直接落户北京，他顺理成章地成了北京市民。彼时，正是外企炙手可热的黄金时代，他选择加入了一家法国公司，年薪20万元。

2006年，一个朋友向他推荐上海飞利浦市场经理的职位，朱志毫不犹豫答应了，因为他想去更远更新的地方看看。12月的最后一天，他收拾好全部行李，落地上海虹桥机场。那一年，他成了飞利浦当时最年轻的市场经理。

2008年，另外一个机会来临，有一家美国上市公司要组建移动互联网业务，需要找一个CEO（首席执行官），坐标北京。“我能从江西飞到英国，能从北京到上海。当然也能从上海再回去。”他毫不犹豫又答应了。

如果把2008年当作朱志的创业元年，2017年已是他创业的第九个年头了。回望过去，大部分的记忆都是关于创业，感受深刻。偶有甜头，但更多的是五味杂陈。记忆尤其深刻的是刚开始的时候，他孑然一人。后来朋友给他介绍微软正在招标的一个项目，他很清楚微软对入围的企业要求甚高，而且竞争对手实力强大，但还是选择一试。他用3天的时间做出了竞标需要的demo（样本演示），这对一般企业来说至少需要1个月的时间，就这样他拿下了微软项目。诸如此类的事情，不胜枚举。

后来，公司和久邦数码合并，他成了首席运营官，2013年11月底公司在美国上市，之后的业务更加繁忙。他频繁往返于广州和旧金山处理收购公司的管理和投资业务。

16年风雨兼程，朱志和久邦共同成长，硕果累累。最早抓住风口开发的Go天气、Go桌面、Go短信一经推出立即变成全世界流行的产品。如今久邦已成为全球最大的手机键盘软件、音乐软件等众多工作软件的生产商。2017年数据显示，久邦共生产了近2亿只键盘，近5000万部相机，5000万只手电筒，而这些都是一家不到500人的企业完成的。“互联网行业不创新就无法生存，我们也在密切关注新型技术，比如人工智能。目前的成绩远远不是终点。”现在，朱志和久邦依然向着未来的星辰大海奔赴着，只是心中更加坚定和笃定。

感恩父母，打造善心体检中心

朱志说，记不清什么时候，越来越多猝不及防的坏消息像闪电一样击中他。几年前，他的大学同学癌症晚期，他目睹了昔日乐观豁达的人怎样逐渐变得憔悴不堪。还有那个清醒而又悲伤的凌晨5点，他得知久邦CEO邓裕强最好的兄弟因为癌症去世……如此种种，这些被击中内心的时刻，让他开始反思生命的意义，关于健康、陪伴和幸福的意识在慢慢觉醒。

2019年，一个很平常的午饭时间，邓裕强和他说：“要不我们自己做一个善心体检中心吧，不赚钱，只为天下人的父母做一次免费的防癌体检。”乍一听，他本能地看向对方，确认了一下眼神，他知道邓裕强是认真的，于是两人一拍即合，开始行动。

体检中心取名“善心体检”，是希望能够传递一种温度和暖意，并不以赚钱为目的。善心的愿景是希望用免费来唤起大家的健康意识，用陪伴来激发子女对父母的孝道，用善心来减少“子欲养而亲不待”的遗憾。

做产品出身的邓裕强理所当然地担任了体检中心的总设计师。仅仅用了几个星期，他给了朱志一份十几页的ppt（演示文稿），里面有整个流程的详细逻辑，从微信预约流程，到顾客进门开始的引导，一直到最后的报告形式。“这是我工作以来看到最详细的项目和产品规划书。我服气了。”

体检中心有3个核心定位，第一是要对标三甲医院的准确度，第二是让用户有最好的体检体验，第三是对老年人免费。朱志说，善心的存在就是要让大家对去医院和看病不再那么恐惧，有温度、真心、贴心的服务和科学严谨的监测数据结果是我们真正重视的。多年的互联网思维，让他们在用户体验上更加精细入微，充满人性关怀。在医疗器材上，善心选用业界最好的，例如飞利浦64排高端CT（计算机层析成像仪）、通用（GE）的彩超和日本西森美康的血球生化免疫设备等。

在设计方案上，善心选用的是为中国一流互联网企业服务的设计师，设计费用高达几十万。“因为我们这个是善心项目，已经是他们收费中最便宜的了，对我们来说，如果每个来到体检中心的人都能感到多一点温馨，这个钱就花得值了。”在医务人员的选择上，善心体检也尽可能从三甲医院挑选专业的医生。除了知识水平，更看重的是爱心和责任心，不然再好的设备也是形同虚设。

在运营方面，善心体检选择了在外企工作20多年的高管作为运营负责人，毕竟体检中心不是治疗机构，初衷是让善心体检成为一个充满温情的家，而不是一个充斥了高端机器的冰冷房间。“我们希望大家能够对体检不恐惧，不害怕。虽然我们对55—75岁的人免费，但它一定是一个专业的地方。毕竟，这个中心以后是要给自己、亲人、朋友、同事使用。它就是我们家庭的一个小拓展。”这一理念打动了很多人。朱志讲了一个生动有趣的面试故事。“我去一家医院体检，为我做B超（B型超声诊断）的是一个小伙子，他一边摸我的肚子，我一边询问他的过往经历，为他讲我们善心体检的故事，B超做完了，我的面试也结束了，小伙子顺利加入了我们的团队。”

2019年7月1日，善心体检第一家健康体检中心正式营业。“做体检，我们是认真的。”朱志说，“很多医生朋友义务给我支持，我们的合作伙伴给我们介绍了更多的合作伙伴，医疗投资界的朋友也愿意投资，几位卫生健康系统的领导也给了很多建议。这让我们备受鼓舞。”

唤醒疗愈，觉醒全民健康意识

投入善心体检事业之后的朱志，最大的改变就是懂得了爱自己。爱是一种能力，健康是本钱。事业的成功，家庭的幸福，都需要建立在健康身体的基础上，如果健康堪忧，其他都会瞬间坍塌。现在，他格外注重饮食健康，甚至研究了营养学，吃得健康精良，绝不暴饮暴食。节假日尽可能留给家人和父母，督促亲朋好友尽早体检，树立健康意识。

“体检是对身体采样测量、数据化、观测、持续改进的过程，定期体检，也许是当前最有效的唤醒人民健康意识的方案。身体是一个最精密的仪器，你善待它，它就会善待你。”创业后，朱志的体重从120斤猛增到了190斤。直到前几年一次体检，他才发现自己的健康问题，血糖、胆固醇和脂肪肝指数涨得比公司的股价还快。“想想有一家老小需要供养，我惊出一身冷汗。”朱志说，这次体检，让他重视健康管理，开始锻炼身体，两个月内减肥40斤，恢复了正常体重。“这次善心体检招聘医生，我‘以权谋私’，让每个医生都来帮我解读我的体检报告。一个大夫说，‘你的指标正常得有点不正常’。我很高兴。”

现在的朱志体态轻盈，能量饱满，洋溢着一种昂扬的精气神。他说，体检带来最大的帮助，是开始改变健康意识，依然努力工作，朋友来了把酒言欢，但学会了选择食物种类，学会了适度锻炼，学会了在碰到困难的时候不再让情绪主导理智。

善心体检对55—75岁的人是免费的，不过有个条件——必须由自己的孩子陪同过来。“中老年人或许不缺钱，他们最希望的是子女的陪伴。”目前，体检中心上午正常营业，下午开展免费项目。但纯粹以慈善的方式运作很难持久。朱志更希望用市场经济的方式运作，通过高性价比的服务，通过一系列的商业创新，让善心体检能够持续地做下去，这样才能让更多人享受到一份温暖。对朱志来说，除了孜孜不倦的互联网事业，在大健康领域，他身体力行且充满热情地推广普及，做一个健康的传道者——这是他的情之所钟。

广州的创新创业环境对你产生了怎样的影响？

我创业10多年，走南闯北，最后在广州安家立业，广州是一个综合条件绝佳的城市。广州的政府对核心岗位都有优惠和帮助，政策阳光透明。像我们善心这个项目，是国际医疗规划第一期工程的第一个项目，在很短的时间内获得批准，很感谢广州市委、市政府对我们的支持。

广州是一个服务运营导向的城市，微信、久邦、UC诞生在这里，我觉得这不是一个偶然，和广州的土壤环境有很大关系。我们广州很多企业的文化融入了这座城市的基因，低调务实，不会刻意宣传自己。

你对于新的社会阶层人士是如何理解的？

新阶层在广州起码有300万人，活跃在社会的各个行业，也是社会的中坚力量。

新阶层人士中有一些人的压力是非常大的，每个新阶层人士都是家庭的顶梁柱，他们特别需要关怀。每个人都有来自生活和工作的压力，但每个人处理压力的方法区别很大，压力是癌症最主要的诱因之一，很难逃避，需要找到最好的办法面对，最关键是需要我们健康意识的觉醒。

你对新联会的工作有什么行动和思考？

新联会这个平台、组织应该是一个让人感觉很温暖、很有爱的地方，像朋友家人一样可以彼此吐露真心。虽然行业不同，但聚在一起就会有相濡以沫的老朋友一样的感觉。以后可以多举办一些健康主题的活动和交流会。

（文/王彩）

广州市新的社会阶层人士联谊会大事记

2016 年 9 月 22 日

广州市新的社会阶层人士联谊会成立

2016 年 11 月 29 日

广州市新的社会阶层人士联谊会注册会计师行业分会成立，同时成立“广州市同心·注册会计师服务团”

广州市新的社会阶层人士联谊会律师行业分会成立，同时成立“广州市同心·律师服务团”

2017 年 3 月 25 日

“羊城 e 家”品牌活动正式启动

2017 年 3 月 29 日

广州市天河区新的社会阶层人士联谊会成立

2017 年 4 月 18 日

广州市番禺区新的社会阶层人士联谊会成立

2017 年 4 月 24 日

广州市新的社会阶层人士第 1 期培训班在广州市社会主义学院开班

2017 年 5 月 18 日

广州市白云区新的社会阶层人士联谊会成立

2017 年 5 月 27 日

广州市海珠区新的社会阶层人士联谊会成立

2017 年 6 月 22 日

广州市越秀区新的社会阶层人士联谊会成立

2017 年 6 月 29 日

广州市花都区新的社会阶层人士联谊会成立

2017 年 6 月 30 日

广州市荔湾区新的社会阶层人士联谊会成立

2017 年 7 月 11 日

广州市黄埔区新的社会阶层人士联谊会成立

2017 年 7 月 31 日

广州市从化区新的社会阶层人士联谊会成立

2017 年 8 月 22 日

广州市新的社会阶层人士联谊会召开一届二次理事大会，正式启用“羊城新动力”会徽和微信公众号

2017 年 8 月 23 日

广州市南沙区新的社会阶层人士联谊会成立

2017 年 8 月 28 日

广州市增城区新的社会阶层人士联谊会成立。至此，全市 11 个区实现新联会全覆盖

2017 年 9 月 17 日—22 日

广州市新的社会阶层人士联谊会首次赴杭州、满洲里、海拉尔、哈尔滨开展考察活动

2018 年 1 月 15 日

“创新新媒体从业人员统战工作新模式，着力打造‘羊城 e 家’特色品牌活动”荣获 2017 年度全国统战工作实践创新成果奖

2018 年 6 月 13 日

广州市新的社会阶层人士联谊会网络直播行业分会成立

2018 年 10 月 9 日— 12 日

广州市新的社会阶层人士联谊会赴湖南开展“红色之旅”革命传统教育活动

2018 年 10 月 19 日

“羊城新动力　直播看广州”活动正式启动

2018 年 11 月 1 日

广州市新的社会阶层人士联谊会举办首场“自由职业日”嘉年华活动

2019 年 1 月 11 日

“羊城新智荟”品牌活动正式启动

2019 年 1 月 15 日

“打造自雇自足特色品牌，建设自由职业人员统战之家”荣获 2018 年度全国统战工作实践创新成果奖

2019 年 3 月 20 日

“羊城新工坊”品牌活动正式启动

2019 年 4 月 10 日

广州市新的社会阶层人士联谊会召开一届三次理事大会

广州市新的社会阶层人士联谊会自媒体分会成立

广州市新的社会阶层人士联谊会自雇自足分会成立

广州市新的社会阶层人士联谊会街舞分会成立

2019 年 7 月 3 日

中共广州市委统战部“创新社会化工作模式，建设自由职业人员统战之家”荣获 2018 年度广州城市治理榜改革创新奖

2019 年 9 月 6 日

广州市新的社会阶层人士统战工作理论研究中心和广州市新的社会阶层人士联谊会教育培训基地正式揭牌

2019 年 10 月 29 日— 11 月 2 日

广州市新的社会阶层人士联谊会赴延安开展考察及红色革命传统教育活动

2019 年 12 月 13 日— 15 日

广州市新的社会阶层人士联谊会主办穗港专业人士联谊交流活动，并与香港专业联盟签订战略合作协议

2019 年 12 月 16 日

广州市新的社会阶层人士联谊会举行 2019 年年会

广州市新的社会阶层人士联谊会网络游戏行业分会成立

2020 年 1 月 17 日

“羊城同禧”品牌活动正式启动

2020 年 5 月 30 日— 31 日

广州市新的社会阶层人士联谊会联合举办“网红直播带货”光彩行（广州首届直播节贵州分会场）活动

2020 年 7 月 17 日

广州市新的社会阶层人士联谊会自雇自足分会在天河南步行街举办首场“新阶层自力市集”活动

2020 年 8 月 18 日

广州市新的社会阶层人士联谊会动漫行业分会成立

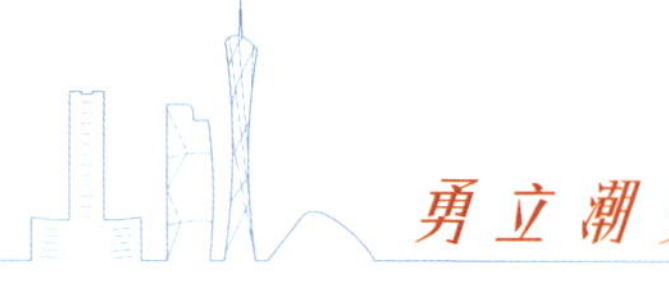

广州市新联会会址揭牌仪式

网络直播行业分会成立

天河区新联会成立合影

动漫行业分会成立合影

“羊城e家”品牌活动

自由职业日嘉年华活动

穗港专业人士交流联谊活动

红色革命传统教育活动

“羊城同禧”品牌活动

网络游戏行业分会成立

"羊城新智荟"品牌活动

"羊城新扶助"品牌活动

后　　记

习近平总书记在庆祝改革开放40周年大会上指出："在这个千帆竞发、百舸争流的时代，我们绝不能有半点骄傲自满、故步自封，也绝不能有丝毫犹豫不决、徘徊彷徨，必须统揽伟大斗争、伟大工程、伟大事业、伟大梦想，勇立潮头、奋勇搏击。"

从20世纪80年代起，广州就是一座身处改革开放前沿的城市，伴随着改革开放的脚步，广州最早涌现各类新的社会阶层群体。2016年，广州又是最早一批率先成立新的社会阶层人士联谊会的城市。

"勇立潮头"，不仅是广州这座城市的精神气质，也是广州市新的社会阶层人士的自我要求。我们以"勇立潮头"来命名本书，以此记录广州这座城市的30位引领时代潮流的新的社会阶层代表人物的广州故事。

本书是在中共广州市委统战部指导下，由广州市新的社会阶层人士联谊会策划，广州市新的社会阶层人士联谊会自雇自足分会具体执行，特别值得说明的是，本书的采编、封面设计和排版等工作大多是由新的社会阶层人士中的自由职业者完成的。

在本书的采写过程中，中共广州市委统战部副部长马卫平，广州市新的社会阶层人士联谊会会长闵卫国、副会长林俊敏以及中共广州市委统战部新的社会阶层人士工作处处长汤国平等多次和执行团队讨论本书编写的细节，30位受访者积极配合，放下手上的工作，抽出时间来接受访问，展现了广州市新的社会阶层人士联谊会人齐心齐的集体力量和高效务实的做事风格。

本书从筹划到成书只有短短的几个月时间，难免会有错漏之处，希望得到大家的批评指正。

最后，特别鸣谢广州市新的社会阶层人士联谊会秘书处在协调联络工作上给予的热心支持，以及广州市新的社会阶层人士联谊会自雇自足分会会长刘琼雄及其率领的执行团队成员李桐、余晓璐、侯燕婷、周莹、梁紫彤、王彩、周小敏、范凌、司徒智瑞、千钧等人的辛勤工作。特别鸣谢广州市新的社会阶层人士联谊会副会长、网络游戏行业分会会长唐忆鲁及广州多益网络股份有限公司对本书出版的大力支持！感谢广州出版社对于本书出版给予的特别支持！

本书编委会

2020 年 9 月 1 日